UNE FÊTE
AUX ENVIRONS DE PARIS,

PAR

CH. PAUL DE KOCK.

ÉDITION ILLUSTRÉE DE 7 VIGNETTES PAR BERTALL

PRIX : 30 CENTIMES.

PARIS

GEORGES BARBA, LIBRAIRE-ÉDITEUR

7, RUE CHRISTINE, 7

— Tous droits réservés —

UNE FÊTE AUX ENVIRONS DE PARIS
PAR PAUL DE KOCK

—Ma femme, je veux que tu t'amuses demain, et mes enfants aussi; c'est le diable pour te faire sortir; quand tu as été passer deux heures le matin aux Tuileries, c'est fini, en voilà pour la journée; tu fais rentrer tout le monde, et le soir tu crois que t'es bien amusée...
— Mais, mon ami... — Mais, ma chère amie, permets-moi de parler d'abord: il ne faut pas être égoïste et ne vivre que pour soi. Notre fille a quinze ans passés, à cet âge-là on aime à prendre l'air, à se promener, et à voir autre chose que les jupons de sa mère, quoique certainement tes jupons soient fort respectables...
— Mon ami, vous savez bien qu'il nous vient du monde, et Léonore... — Oui, je sais qu'il nous vient de la société, entre autres M. Bellefeuille, ce jeune peintre de genre, qui s'est jeté dans le romantique, parce qu'il croit que ça lui va bien de laisser croître ses favoris et d'avoir un bouquet de poil sous la lèvre inférieure. Qu'on soit classique ou romantique, ça m'est bien égal, pourvu qu'on gagne de l'argent. S'il aime vraiment Léonore, nous verrons: je ne dis pas que je la lui donnerai, je ne dis pas que je ne la lui refuserai...

Je me promenais au Palais-Royal, je rencontre Grigou que voilà.

nous avons du temps devant nous. J'en reviens à mon projet pour demain. Il faut nous amuser; il faut aller à quelque fête aux environs de Paris. C'est si gentil une fête de village!... Tu ne connais pas ça, toi; tu ne veux jamais passer les barrières; et cependant il me semble que les habitants de Paris devraient en connaître au moins les environs; d'ailleurs la banlieue c'est encore Paris; on y reçoit le journal à midi au lieu de huit heures, et on y paye les lettres quatre sous au lieu de trois, voilà toute la différence; nous avons beaucoup de gens de mérite, d'hommes à talents, tels que poëtes, peintres, libraires même... c'est-à-dire anciens libraires, qui habitent maintenant la banlieue, parce qu'on y vit à meilleur marché, on y paye la viande un sou de moins par livre... Tu conçois que c'est une grande économie. Sur deux cents livres de viande qu'on prend dans l'année, on a dix francs de bénéfice... Il est vrai qu'on dépense bien vingt-cinq francs en voitures pour aller à Paris faire ses courses... mais c'est égal, c'est très-économique de vivre à la campagne... nous irons demain.
— Je ne suis pas grande marcheuse, et... — Nous

prendrons des omnibus, des citadines; est-ce qu'il n'y a pas des voitures partout à présent? bientôt on fera le tour du monde pour six sous. Tiens, notre fils saute déjà de joie!... Ce pauvre Alexandre! comme il va s'en donner... s'amuser à la campagne!... Hein! — Oh oui, papa!... — C'est convenu, tu t'arrangeras pour être au moins prête à midi, car il ne faut pas se mettre en route à quatre heures du soir, quand on veut aller dîner à la campagne. Je vais m'informer où il y a fête de village... Vous verrez, madame Barbeau, vous m'en direz des nouvelles...

M. Barbeau a quitté sa femme; vous croyez peut-être que c'est pour aller prendre des informations pour le lendemain, et se fixer sur l'endroit où il conduira sa famille? pas du tout. M. Barbeau n'a pas fait dix pas hors de chez lui, que déjà il ne songe plus à ce qu'il a dit à sa femme et projeté pour le lendemain. Il rencontre un ami, l'aborde, lui prend le bras, lui souhaite le bonjour, et s'est informé de sa santé, tout cela sans laisser à l'ami le temps de répondre. Puis il a déjà entamé la conversation, si toutefois on peut dire conversation quand c'est toujours le même qui parle; et remarquez bien qu'au milieu de ces discours, M. Barbeau se rappelle sans cesse de nouveaux faits qui amènent de nouvelles histoires, qui nécessitent de nouveaux éclaircissements, en sorte qu'il n'y a plus de raison pour que cela finisse; vous ne vous rappelez plus le point d'où votre parleur est parti, lui-même l'oublie souvent; car à propos d'une pièce des Variétés, il va en venir à parler de la Belgique ou des pâtés de Lesage; c'est absolument comme dans les *Mille et une Nuits*, une histoire en amène une autre, qui en fait arriver une troisième; ensuite tirez-vous de là si vous pouvez; et lorsque vous voulez, par hasard, placer une phrase, une réflexion, M. Barbeau vous arrête en s'écriant : — Permettez... je n'ai pas fini...

Tout cela n'empêche pas que M. Barbeau ne soit un bon vivant, un homme tout rond, au physique comme au moral; gai, jovial, aimable même, excepté pour les bavards, qui ne pourraient vivre avec lui. C'est un ancien libraire; il a connu beaucoup d'hommes d'esprit; il se rappelle un mot de l'un, un trait de l'autre; il aime à placer cela en causant. Sa conversation est amusante pour quelqu'un qui veut bien se borner à écouter. Il a fait beaucoup d'affaires; il oublie les mauvaises, et ne souvient que des bonnes. C'est un heureux caractère; ne s'inquiétant jamais d'avance, ne s'inquiétant même pas dans les moments difficiles; distrait, sans souci, voyant un bon côté dans les choses les plus fâcheuses. Lorsque ses affaires allaient mal, qu'il y avait mille raisons pour être tourmenté du présent et inquiet de l'avenir, que faisait M. Barbeau? Il sortait dès le matin de chez lui et passait sa journée à jouer aux dominos. Mais il est resté l'ami de tout le monde : c'est le meilleur éloge qu'on puisse faire de lui.

Madame Barbeau est aussi calme que son époux est vif, et comme les extrêmes se touchent, c'est une preuve qu'ils s'accordent. Leur fille a quinze ans, elle est timide et parle peu; leur fils en a dix, il fait déjà autant de bruit que son père. Voilà toute la famille, et le lendemain dimanche, la maman et les enfants sont habillés et prêts depuis onze heures du matin; mais il est midi passé, on attend en vain M. Barbeau, qui est sorti de très-bonne heure en disant qu'il ne serait que cinq minutes absent.

Le peintre de genre est venu rendre visite à ces dames; il demande la permission d'être de la partie de campagne, il y fera quelques croquis.

Mais le temps s'écoule, et le chef de la famille ne revient pas. La jeune fille soupire en regardant la pendule; le peintre soupire en regardant la jeune fille, et le petit garçon en regardant son pantalon neuf. Il n'y a que la maman qui conserve son air de bonne humeur; après vingt ans de ménage, on est habitué à attendre son mari.

Enfin, sur les deux heures, M. Barbeau arrive avec un petit homme sec et blême, qui salue gracieusement toute la famille, pendant que notre ancien libraire s'écrie : Me voilà!... Figurez-vous que j'avais tout à fait oublié la partie de campagne... j'ai rencontré un ami avec lequel j'ai déjeuné... c'est un homme que je n'avais pas vu depuis douze ans au moins!... il lui est arrivé bien des aventures depuis ce temps; il me les a contées; je vous les conterai en route. Après le déjeuner, nous nous promenions tranquillement au Palais-Royal; là je rencontre Grigou, que voilà; il me dit en causant : il fait très-beau, j'ai envie d'aller à la campagne. Là-dessus, je me frappe le front en m'écriant : Ah! mon Dieu! et tout le monde qui m'attend à la maison pour aller à la fête du village!... J'ai proposé à Grigou de venir avec nous, il a accepté : plus on est de fous, plus on rit... Allons, ma femme, fais chercher un fiacre... mais surtout, dis à la bonne de le choisir grand.

Le fiacre est arrivé; quoiqu'il soit grand, la société ne s'y place qu'avec peine, parce que M. Barbeau remplirait presque à lui seul le fond de la voiture. On s'arrange tant bien que mal; les enfants à côté de leur mère, M. Grigou presque caché derrière M. Barbeau, auquel il dit : Je vais étouffer, tandis que celui-ci répond : Vous êtes bien... tâchez de ne pas trop remuer.

— Où allons-nous? demande le cocher.

A cette question fort naturelle, chacun se regarde, et madame Barbeau dit à son mari :

— Eh bien! mon ami, où allons-nous?

— Le diable m'emporte si j'en sais rien... Cocher, où y a-t-il une fête champêtre aujourd'hui?

Le cocher réfléchit quelque temps, puis répond : Dame!... il y a Tivoli... la Chaumière... — Ce n'est pas ça, nous voulons aller à la campagne, dans un endroit où l'on s'amuse. — Ah! c'est différent... Voulez-vous que je vous mène aux Batignolles, chez le père Latuille? — Nous connaissons le père Latuille; on dîne bien chez lui; mais ce n'est pas assez champêtre. — Je crois que c'est la fête à Belleville.
— Va pour Belleville. En route!

— Mais, dit Grigou en essayant de sortir un peu de dessous M. Barbeau, Belleville, ce n'est pas très-champêtre... c'est comme un faubourg de Paris! nous ferions mieux... — Allons, vous voilà déjà d'un autre avis que les autres, vous! On doit s'amuser à Belleville, nous verrons la fête... Laissez-vous donc conduire et ne remuez pas tant.

Le petit homme ne dit plus rien; il tâche seulement d'avoir une main libre afin de pouvoir tirer son mouchoir de sa poche pour s'essuyer le visage. Pendant toute la route, M. Barbeau a conté les aventures de l'ami qu'il a rencontré le matin.

On l'a laissé parler sans l'interrompre : la famille en a l'habitude. Le jeune peintre regarde Léonore en ayant l'air d'écouter le papa. Quant à l'ami Grigou, il ne se contente pas toujours du rôle d'auditeur; il aime aussi à conter son histoire, à dire son mot; mais, en voiture, il laisse parler Barbeau, en se disant : — J'aurai mon tour dans les champs.

On arrive à Belleville. Le cocher arrête devant l'île d'Amour. La société descend, renvoie le fiacre, et se promène quelques instants dans la grande rue du village et y cherchant quelque chose qui annonce une fête. Mais tout est fort tranquille, il n'y a pas une boutique de pain d'épice ni de mirlitons. La maman se promène gravement en tenant le bras de sa fille; le petit garçon marche au milieu du ruisseau et tâche de se crotter pour faire au moins quelque chose; le peintre cherche en vain un site champêtre dans la grande rue de Belleville, et Grigou regarde de tous côtés d'un air de mauvaise humeur, en murmurant : — Est-ce que c'est ça qu'ils appellent la campagne?

Tout à coup M. Barbeau s'arrête devant la société en disant : — Ah ça, nous nous promenons depuis un quart d'heure comme des imbéciles : est-ce que vous vous amusez ici?

— Non, pas du tout. — Ni moi. — Ni moi. Le cocher est une bête, il n'y a pas de fête ici; mais nous ne sommes pas obligés d'y rester. Montons le village, et allons au bois de Romainville, c'est peut-être là qu'est la fête.

— Romainville!... je n'aime pas ce bois-là, dit M. Grigou; une fois, en voulant avoir une châtaigne... — Allons, Grigou, vous n'êtes jamais de l'avis des autres... il faut mettre du sien en société... vous voulez toujours faire vos volontés, c'est ridicule... — Mais il me semble, au contraire... — Nous allons à Romainville, c'est convenu.

On monte Belleville, on traverse le parc Saint-Fargeau, on est dans la campagne.

— Ah! papa! un âne! s'écrie le petit garçon. — Veux-tu aller à âne?
— Oh! oui, papa!... — Nous allons en louer, il faut s'amuser à la campagne! Nonore ira aussi... Et toi, ma femme?... — Ah! par exemple, êtes-vous fou, monsieur Barbeau?... — Aimes-tu mieux un cheval?... Je vais te louer un petit cognard... — Ni cheval ni âne; est-ce que je saurais me tenir là-dessus?... — Grigou, vous irez à cheval?... — Moi, je n'y ai pas monté depuis... ma foi... attendez donc... — Ce n'est pas la peine... je vais louer des chevaux.

M. Barbeau va faire seller deux ânes et deux chevaux. Sa fille et son fils montent sur les plus paisibles animaux. M. Grigou veut en vain résister. Son ami lui tient le cheval malgré lui; puis il enfourche l'autre coursier, et la cavalcade part, suivie de la maman qui, a déjà mal aux pieds, et du peintre de genre, qui aurait voulu s'arrêter pour croquer un point de vue.

M. Barbeau et son ami sont bientôt perdus les ânes de vue. Ils entrent dans le bois, dans un sentier qui descend, pendant que M. Barbeau veut trotter, l'ami Grigou passe par-dessus la tête de son cheval, qui a manqué de jambes de devant.

— J'étais sûr que cela m'arriverait, s'écria Grigou en appelant à son aide et en poussant des gémissements plaintifs.

— Qu'est-ce que vous avez? dit M. Barbeau en revenant sur ses pas. — Je le voyez bien... je suis tombé. — C'est que vous ne savez pas vous tenir. — Eh! c'est ce maudit cheval qui est tombé! — C'est que vous ne savez pas tenir votre cheval. C'est vous qui êtes cause de cela!... — Allons, vous n'êtes pas blessé. Ce n'est rien; à la campagne, il faut s'amuser... Retournons trouver ces dames. — Retournons, soit; mais je ne remonte plus; je mènerai mon cheval en laisse.
— Vous êtes un poltron.

Ces messieurs retournent vers la lisière du bois; ils aperçoivent un âne qui se roule sur le sable après avoir jeté à terre la dame qui le montait; et celle-ci est tombée de manière que sa robe cache sa figure.

— Ah! Dieu! c'est charmant! s'écrie M. Barbeau. Voyez donc

Grigou, quel dommage que Bellefeuille ne soit pas là !... Quel joli tableau de genre !...

Grigou s'arrête et cherche ses lunettes pour mieux voir le tableau de genre ; mais, avant qu'il les ait trouvées, madame Barbeau est accourue par le côté opposé, et a été rabattre les jupons qui couvraient le visage de la jeune personne tombée ; alors M. Barbeau s'aperçoit que c'est sa fille qui était par terre ; il ne trouve plus le tableau si drôle. Il descend de cheval et court à sa femme, qui se lamente.

— Qu'est-ce qu'il y a ?... — Ma fille est tombée... Ce vilain âne a voulu se coucher... — Je sais tout cela... Es-tu blessée, Nonore ? — Oh ! mon Dieu ! non, papa. — Alors n'y pensons plus !

— N'y pensons plus !... Cela vous est bien aisé à dire, murmure la maman ; mais ma fille est tombée fort désagréablement... elle a montré... — Je sais tout cela !... Bellefeuille l'a-t-il vu ? — Non, grâce au ciel, il était resté en arrière. — Du moment que Bellefeuille n'a rien vu, il n'y a aucun mal... Tout est sauvé... Holà... eh... Bellefeuille !... mon ami, ayez la complaisance de reconduire les chevaux et les ânes, nous nous sommes assez amusés avec. Nous allons nous asseoir, nous rouler sur l'herbe en vous attendant.

Le jeune artiste n'est pas enchanté de la commission, mais il n'ose refuser ; il part sur un cheval conduisant en bride un âne et l'autre coursier. M. Barbeau lui crie qu'il a un faux air de Franconi.

— Nous allons entrer chez ce traiteur là-bas, et demander si c'est la fête ici, dit M. Barbeau.

— Je ne vois rien qui l'annonce, dit Grigou ; mais j'ai déjà faim. Il n'est pourtant pas l'heure du dîner... nous avons le temps. — Le temps !... parce que vous avez déjeuné à la fourchette, vous n'êtes pas pressé !... — Ma femme, attendez-nous sur l'herbe, avec ta fille... Je vais aller m'informer si c'est fête ici, et où elle se tient.

Madame Barbeau ne demande pas mieux que de s'asseoir, pour se reposer avec sa fille ; et Grigou suit son ami Barbeau.

Le restaurateur chez lequel on s'adresse se trouve être aussi bavard que M. Barbeau ; pour répondre à une simple question, il s'entortille dans des phrases d'où il ne sort plus ; pour indiquer une route, il commencera par vous décrire tous les environs ; et quand vous lui demandez ce qu'il peut vous donner à dîner, il vous fait l'énumération des plats qu'il sait faire, de ceux qu'il a inventés, de ce qui entre dans la confection d'une sauce ; tout cela pour en venir à vous avouer qu'il n'a plus que du veau rôti.

M. Barbeau suait d'impatience en écoutant le traiteur ; il l'interrompt brusquement, au milieu de la description d'un plat de dessert de sa composition, et lui dit : — Je vous demande depuis une heure si c'est fête à Romainville, si nous trouverons à bien dîner chez vous, et, au lieu de me répondre, vous me parlez compote, confiture, gelée !... Est-ce que vous croyez de pied qu'on vient chez vous pour apprendre à faire la cuisine ?...

— Monsieur... qu'est-ce ?... comment ?... vous êtes un insolent !... — Si je vous ai insulté, monsieur, je suis homme à vous en rendre toutes les raisons possibles... — Allez au diable !... voilà qu'il me propose un duel à présent ! Nous ne dînerons pas chez vous, parce que vous parlez trop et que vous n'êtes pas à votre affaire.

M. Barbeau sort de chez le traiteur, suivi par Grigou, qui dit : — Il faudra pourtant dîner quelque part.

On s'assied sur l'herbe. M. Bellefeuille revient avec le petit Alexandre, qui marche en se tortillant, parce que sur l'âne il a déchiré son pantalon, et la mère et la fille s'en aperçoivent. Mais alors la mère et la fille admirent de fort belles noix sur un arbre à peu de distance d'où elles sont assises, et M. Barbeau en entame dans une histoire qui n'amuse nullement Grigou, parce qu'elle ne finit pas.

— Je vous disais donc, poursuit l'ancien libraire, qu'un jour étant à la campagne avec quelques amis, nous avions fait la partie de griser un gros bonhomme, nommé Duloiret, qui arrivait de sa province.

— Ah ! Duloiret ! je l'ai connu, s'écrie Grigou. — C'est bon, ça ne fait rien à mon histoire, que vous l'ayez connu... — Oui ! mais je sais ce qu'on lui a fait... Pour preuve, je vais conter l'histoire, et... — Non, permettez, je dois la savoir mieux que vous, et je crois que je la raconterai tout aussi bien.

Et, sans attendre la permission de son ami Grigou, M. Barbeau reprend son anecdote, qui doit nécessairement en amener une douzaine d'autres. Cependant, au milieu de son récit, le père de famille s'aperçoit que sa femme et sa fille sont distraites. — Que regardez-vous donc en l'air pendant que je parle ? — Ce sont les noix là-bas... elles sont superbes. — Maman, veux-tu que je monte sur l'arbre ? s'écrie le petit Alexandre. — Non, mon ami, dit le papa, tu as déchiré suffisamment ton pantalon, et tu monterais sur des arbres, je sais bien ce que tu nous montrerais avant d'arriver à Paris. Grigou, allez donc gauler quelques noix pour ces dames ; vous voyez bien que Bellefeuille fait son galant, Grigou. — Que n'allez-vous en abattre vous-même ? Je ne suis pas leste comme vous... — Mais est-ce permis de... ? — Pour une noix, n'avez-vous pas peur ?

Grigou se décide à aller abattre des noix : il aime mieux cela que

d'entendre les histoires de M. Barbeau. Celui-ci s'étend sur l'herbe, auprès de Bellefeuille, et lui dit : — Si j'étais peintre, je voudrais croquer tous les originaux que je verrais... — Monsieur, il n'est pas si facile de... — Permettez, laissez-moi vous développer mon idée... J'ai dans ma vie des idées assez heureuses... J'ai souvent donné le sujet, la pensée d'un livre à un auteur ; ces livres-là se sont toujours bien vendus... — Mais un livre, monsieur, ce n'est pas... — Je n'ai pas fini, mon ami. Tenez, examinons ici les gens qui vont passer devant nous... C'est Paris à la campagne ici. — C'est-à-dire ce sont quelques bourgeois, quelques ouvriers... — Il y a de tout, et si j'étais homme de lettres ou peintre, j'en ferais mon profit. Tenez, voilà un couple qui s'avance : ce sont des habitants de Paris ; pour un dimanche, ils ont même assez bonne tournure. Ils se parlent de trop près, se regardent trop souvent pour que ce soit le mari et la femme. Le jeune homme fait un peu la moue... La dame n'aura pas voulu s'égayer dans l'épaisseur du bois. Mais ils entrent chez le traiteur... ils prendront un cabinet particulier, et ça se raccommodera. Cela me fait l'effet d'un marchand de nouveautés et d'une lingère ; remarquez que la dame a de la recherche dans sa collerette, et que le jeune homme porte un pantalon et un gilet les étoffes les plus nouvelles. Qui est-ce qui vient là-bas, en riant, en sautant, en faisant du bruit et de la poussière ? Il ne faut pas le demander, ce sont des grisettes, mais des grisettes du second ordre : ce ne sont pas les moins gaies ; celles-ci mettent toute bienséance de côté. Elles sont cinq, et pas un pauvre sou chez elles, je le les empêche pas de rire, de faire du train : ces demoiselles ne croiraient pas s'amuser si elles ne faisaient pas autant de bruit que la retraite ; elles se moquent de toutes les personnes qu'elles rencontrent ; les voilà qui s'arrêtent et se consultent en regardant la maison du traiteur. Le gage qu'elles comptent ce qu'elles ont d'argent à elles cinq, pour savoir si elles entreront dîner là. On ouvre les sacs... on calcule... Vous voyez le résultat ; au lieu d'entrer chez le gros traiteur de l'endroit, elles se dirigent vers un petit bouchon : leurs moyens ne leur permettent que le vin du cru et l'omelette au lard. Mais elles s'en dédommageront ce soir ; en se faisant payer de la bière ou du punch par le premier imbécile qui voudra leur faire la cour. Puis, toute la semaine, en bordant ces souliers où en faisant des boutonnières, elles se rappelleront les plaisirs du dimanche ! Il faut avoir de la philosophie ou un grand fonds de bonne humeur pour qu'un jour de plaisir suffise à toute une semaine !... Il est vrai qu'il y a des gens riches, des gens en place qui ne s'amusent pas même un jour sur sept. Tout est donc compensé. Ah ! voici des habitants de l'endroit... c'est fort, c'est robuste, mais c'est vilain. En général, les paysannes des environs de Paris ne sont pas jolies. Celles-ci ont une coiffure piquante comme dans la Normandie ou la Franche-Comté. Ces bonnets plats n'ont rien de gracieux, et les paysannes portent toujours des robes à taille courte, ce qui empêche de voir si elles sont au moins bien faites. Le paysan qui leur donne le bras a mis son bonnet de police pour faire voir qu'il est de la garde nationale ; depuis que l'on veut que ces bonnes gens fassent l'exercice, ils croient, même en labourant, se donner quelque chose de militaire ; et pourquoi donc ? ce n'est pas un crime d'être plus à son aise en blouse qu'en uniforme. Voilà voilà un ouvrier endimanché qui amène sa famille ; il tire une petite voiture d'osier, dans laquelle sont ses deux derniers marmots, avec les provisions pour le dîner. Sa femme est derrière ; elle ne tient rien, mais elle est enceinte, elle est maussade, elle se plaint tout le long de la route, et ne parle à son mari que pour lui dire : Prends donc garde, tu les mènes sur des pierres... tu vas les faire verser... Ah ! que tu tires cela bêtement !... Et le pauvre homme, qui sue sang et eau, et fait le métier d'un caniche, se persuade qu'il se divertit le dimanche, et travaille comme un forçat dans la semaine pour se procurer cet aimable délassement. Ah ! voici une cavalcade. Tenez, mon cher Bellefeuille, est-ce que cela ne vaut pas la peine d'être croqué ces cavaliers en bonnet de loutre, en cravate déchirée. Comme ils n'ont pas de sous-pieds, leur pantalon s'est relevé jusqu'au genou, et comme ils n'ont pas de bas dans leurs souliers, ils montrent leur jambe nue aux passants ; ce qui à cheval produit un bien joli effet. En voyant ces cavaliers en guenilles, on est tenté de leur dire : Au lieu de louer un cheval à trente sous l'heure, ne feriez-vous pas mieux de vous acheter des bas... — Vous pourriez vous répondre : Mêlez-vous de ce qui vous regarde. — C'est juste : c'est pour cela qu'on ne leur dit rien.

Pendant que M. Barbeau faisait sa revue d'originaux, dans laquelle il ne s'était pas encore compté, l'ami Grigou s'était dirigé vers le noyer, sur lequel il lançait des pierres : comme ce jeu lui rappelait sa jeunesse, il y prenait du plaisir, et poussait un : Ça y est, toutes les fois qu'une noix tombait à ses pieds. Il en était à la vingtième pierre et à sa huitième noix, et on lui prouvait bien beaucoup en faveur de son adresse, lorsqu'un petit homme décoré d'une plaque de fer-blanc, armé d'un grand sabre, et coiffé d'un chapeau à cornes dont la pointe est placée exactement au-dessus du nez, se précipite sur lui, et le saisit au collet en criant : — Ah ! ça y est !... Est-il permis celui-là !... un dimanche !... devant tout le monde !... Allons, en prison, Parisien !

Grigou tâche de s'excuser, de se dégager ; mais le messier, qui dans la semaine est ordinairement entre deux vins, est toujours complétement gris le dimanche. Aussi n'entend-il pas raison, et ne lâche-t-il pas son homme. Déjà plusieurs paysans sont accourus, et ils n'épargnent pas les injures à Grigou. Les paysans sont enchantés lorsqu'ils peuvent molester les gens de la ville. A les entendre, on croirait que les habitants de Paris ne viennent aux champs que pour tout ravager; et cependant, ces laboureurs, ces cultivateurs, que l'on nous peint quelquefois comme doués de toutes les vertus domestiques, tandis qu'ils sont pour la plupart envieux, jaloux, médisants, cauteleux et intéressés, que feraient-ils de leurs denrées si les gens de la ville, dont ils se moquent sans cesse, ne les leur achetaient point? Sans doute les citadins seraient également embarrassés si les habitants de la campagne ne cultivaient pas pour eux les produits de la terre. Mais qu'est-ce que cela prouve? Que nous avons tous besoin les uns des autres. Est-ce donc pour cela que nous nous déchirons mutuellement?

Les cris de Grigou ont été entendus par la société qui est sur l'herbe. M. Barbeau se lève et court au milieu du groupe. Il demande, s'informe, ne laisse pas répondre; mais il devine facilement ce dont il est question en voyant le garde champêtre qui tient toujours Grigou au collet.

— Qu'est-ce que vous allez faire?... Mener un homme en prison pour une noix? — Monsieur, c'est... — Je vois bien ce que c'est... Est-ce que cela vaut la peine de faire tant de bruit?... — Oh! quand un... — C'est l'amende que vous voulez qu'on vous paye... Tenez, voilà cent sous, et laissez-nous tranquilles.

Le messier repousse la pièce de cinq francs, peut-être parce qu'il y a du monde autour de lui, et les paysans s'écrient : — Il faut le mener chez le maire à Romainville! Tous ces méchants Parisiens viennent nous voler... nous... — Vous êtes bien heureux que ces Parisiens, que vous insultez, vous achètent votre lait et vos pommes de terre. — Tiens! s'ils ne nous les achetaient pas, nous les mangerions, voilà tout! — Oui, et alors avec quoi achèteriez-vous des souliers, des vêtements, du vin, et payeriez-vous vos impositions?...

Les manants ne trouvent rien à répondre; mais ils crient de nouveau : — Chez le maire! Faut les mener chez le maire! Et le garde champêtre, qui commençait à s'attendrir en voyant Grigou prêt à pleurer, remet son chapeau de travers et entraîne son prisonnier.

— Eh bien, allons chez le maire, dit M. Barbeau. — Comment!... Qu'est-ce donc? demande Barbeau, qui arrive alors avec le reste de la société. — Ce n'est rien... Nous allons à Romainville, chez le maire, pour deux noix que Grigou a fait tomber... C'est une mauvaise plaisanterie; mais nous n'avons rien à faire, ça nous promènera... et nous verrons probablement la fête quand nous serons dans le village.

La société ne paraît pas enchantée de faire cette promenade; mais, comme M. Barbeau est déjà en avant avec l'accusé et les témoins, il faut bien se décider à les suivre. Pendant la route, M. Barbeau s'efforce de prouver aux paysans qu'ils ont tort d'arrêter un homme pour une noix, et il leur cite là-dessus vingt anecdotes toutes véridiques; tandis que Grigou lui dit tout bas : — C'est vous qui êtes cause de tout cela, c'est vous qui...

M. Barbeau lui donne un coup de pied dans le côté en murmurant : — Taisez-vous... Vous gâtez votre affaire.

On arrive au village de Romainville, où il n'y a pas plus d'apparence de fête qu'à Belleville. On va chez le maire, escorté par tous les enfants du village, qui se sont joints aux paysans qui conduisent Grigou, ce qui, avec le reste de la société, commence à faire un cortège fort gentil, dont M. Barbeau a l'air d'être le chef : il marche fièrement à la tête, pérorant toujours; il commence à intimider le garde champêtre, qui craint d'avoir fait une bévue, et même les paysans, qui pensent qu'un homme qui parle toujours doit finir par avoir raison. Enfin, on jurerait que c'est M. Barbeau qui a fait arrêter Grigou.

On arrive chez le maire : il n'est pas chez lui, il est à la mairie.

— Allons à la mairie, s'écrie Barbeau. Mais comme madame Barbeau et ses enfants sont harassés, la famille s'assied sur un banc de pierre avec M. Bellefeuille, qui se dispose à croquer l'entrée d'une laiterie.

On arrive à la mairie : M. le maire n'y est pas. Un voisin assure qu'il est allé chez le père Antoine, où il y a une dispute entre des buveurs.

Le garde champêtre et les paysans se regardent d'un air indécis, on voit qu'ils sont las de promener leur prisonnier, et qu'avec quelques paroles conciliatrices et quelques verres de vin tout serait terminé. Mais Barbeau n'entend pas cela; sans écouter Grigou, qui le tire par son habit, il s'écrie : — Allons chez le père Antoine... Il faut voir le maire, je serais fort aise de le voir... On a voulu arrêter monsieur, il faut qu'on le juge.

— Mais, dit tout bas Grigou, puisqu'ils ont l'air plus doux à présent... — Ça ne fait rien, allons chez le père Antoine; je ne veux pas m'être promené pour rien, moi! ça ne peut pas se passer comme ça.

On arrive chez le père Antoine, qui vend des gâteaux, du lard et du vin. Le maire vient d'en sortir parce que la querelle est terminée; la mère Antoine croit qu'il est retourné à la mairie pour juger l'affaire de Jean Marie et de Gaspard, qui ont un puits mitoyen et ne veulent jamais que ce soit leur tour de mettre une corde neuve.

— Alors retournons à la mairie, dit M. Barbeau. Mais le garde champêtre, qui a l'habitude de se reposer et de boire chez le père Antoine, s'est déjà placé devant une table; les paysans en font autant en disant : — Ah ben! goui qu'à laisser aller monsieur, il n' prendra pas de noix une autre fois... V'là assez de promenades pour aujourd'hui... N'est-ce pas, messier?

Le messier répond en se versant du vin : — Oui... en v'là assez... pour cette fois!

Grigou est enchanté, il va remercier tout le monde, lorsque Barbeau se met entre lui et le garde en disant : — Je n'entends pas ça, messieurs, on n'arrête pas un homme pour rien... Je veux retourner à la mairie.

A ces mots, Grigou devient violet de colère; il s'écrie à son tour : — Morbleu, monsieur Barbeau! c'est trop fort cela! Quand cette malheureuse affaire est terminée, quand ces messieurs veulent bien oublier mon étourderie, c'est vous qui voulez me mener chez le maire? — Oui, monsieur, parce que j'aime que les choses se fassent régulièrement... parce que je déteste l'arbitraire et... — Allez au diable, avec votre arbitraire!... C'est vous qui m'aviez dit d'aller gauler des noix... C'est vous qui voulez qu'on vous paye... — Vous que mettez les gens dans l'embarras et les y laissez... — Vous voyez bien que je vous en tire, au contraire... — Vous êtes un entêté. — Vous un imbécile!

La dispute s'échauffe tellement que la garde et les paysans sont obligés de s'interposer et de séparer les deux amis. Enfin les esprits se calment. Barbeau s'assied près du garde, fait venir du vin, en paye à tout le monde. Grigou offre des petits gâteaux au beurre fort. On mange, on trinque, et on devient très-bons amis.

Tout en causant et en buvant, M. Barbeau dit aux paysans : — Où se tient donc la fête? — La fête... Mais il n'y a pas fête à Romainville... aujourd'hui. — Il n'y a pas fête à Romainville... Diable! nous y étions venus pour cela... — C'est à Bagnolet que c'est la fête... — A Bagnolet... Ah! que c'est heureux! nous allons aller voir la fête de Bagnolet... Ce n'est pas loin, je crois? — Non... un petit quart de lieue... Redescendez la grande route jusqu'au chemin à gauche, et vous y êtes. — Allons, Grigou, un dernier coup, et en route! Notre société nous attend sur un banc de pierre. Adieu, mes enfants, à votre santé, sans rancune.

M. Barbeau et Grigou sont enfin sortis de chez le père Antoine, et l'ancien libraire dit à son ami : — Vous voyez bien que tout s'est bien passé... J'étais fort tranquille, moi... — Ce n'est pas votre faute si ça n'a pas été plus mal. — Laissez donc, vous n'avez pas compris ma tactique; si j'avais eu l'air d'un pleurard comme vous, nous serions encore leurs prisonniers.

On rejoint la société. Bellefeuille avait eu le temps de croquer trois vaches et toute une basse-cour. — Nous allons à Bagnolet, s'écrie M. Barbeau du plus loin qu'il aperçoit sa femme. C'est un village charmant... à deux pas, nous n'avons qu'à descendre.

— A Bagnolet! dit madame Barbeau; mais y pensez-vous, monsieur? il va faire nuit. — Qu'est-ce que cela nous fait?... Je pense, ma chère amie, que vous n'avez pas peur avec nous. — Mais nous sommes très-fatigués. — C'est en descendant, je vous dis. — Nous mourons de faim. — Nous dînerons à Bagnolet.

On ne réplique plus, et on se met en route. On arrive à la nuit à l'entrée de Bagnolet. Le charmant village ne se compose que d'une seule rue étroite et presque aussi longue que le faubourg Saint-Martin. En avançant, on entend un brouhaha qui va toujours croissant; on ne distingue pas si ce sont des ris, des cris ou des chants; mais cela bourdonne continuellement.

— A la bonne heure, on s'amuse ici, que c'est la fête ici, dit Barbeau; entendez-vous ces gaillards-là comme ils s'amusent? — Je ne sais pas si on s'amuse, répond madame; mais c'est du bruit... On dirait qu'on se bat. — Ça me fait peur aussi, dit Nonore en se serrant contre la mère. — Si on se bat, dit Grigou, j'aime tant que ne pas voir la fête. — Allons donc! vous rêvez... On rit, on danse, et ça vous effraye? En avant! je réponds de tout.

On arrive sur la place de l'endroit; c'est là que la fête se tient. Cette place est grande comme celle du Chevalier-du-Guet, à Paris. Dans un petit coin, qu'on a sablé et entouré de cordes, deux violons et un tambourin font danser la jeunesse du pays. En face, il y a deux boutiques ambulantes, l'une de pain d'épice, l'autre de saucissons. Tout cela est éclairé par quelques lampions posés à terre, et des chandelles entourées de papier.

Au moment où la société arrive, il y avait effectivement une rixe entre les paysans, dont la plupart étaient gris. Les paysannes s'étaient sur-le-champ réfugiées d'un autre côté, d'où elles regardaient ces messieurs se battre. Mais enfin la dispute venait de s'arranger, on se rapprochait, les sexes se mêlaient de nouveau, et on retournait à la danse que l'on avait abandonnée.

— Vous voyez bien qu'on s'amuse ici, dit M. Barbeau. On fait du bruit parce que les paysans n'ont pas l'habitude de parler bas. — C'est cela une fête champêtre? dit Grigou. — Attendez donc, nous n'avons pas encore tout vu... Cherchons un traiteur d'abord.

On cherche, on regarde de tous côtés, mais il n'y a pas plus de traiteur à Bagnolet que de fête à Romainville. On découvre cependant un gargotier, à la porte duquel est écrit : *Jardin champêtre et paysage.*

— Comprenez-vous ce que ça veut dire? demande M. Barbeau au peintre. — Ma foi, non !... — Ni moi ! c'est égal, entrons là, nous demanderons un paysage où l'on mange.

On entre dans la guinguette. On ne reste pas dans la salle, parce que cela y sent l'ail à faire pleurer ; on passe dans le jardin champêtre, derrière la maison. C'est là que le marchand de vin prétend qu'on voit un paysage, parce que sur les murs du fond de son jardin il a fait coller du papier, à treize sous le rouleau, sur lequel sont peints des serins et des perroquets.

La société, qui meurt de faim, s'arrête à une table, devant le paysage, et demande ce qu'il y a pour dîner. On ne peut lui donner que du petit salé et des œufs frais ; tout le reste a été dévoré par les paysans venus à la fête. Ce repas, arrosé du vin de Bagnolet, paraît bien champêtre aux Parisiens. On se dépêche de le prendre et de quitter le paysage.

Le bal est en train. Après avoir bourré la société de pain d'épice en guise de dessert, M. Barbeau veut absolument la faire danser. Il entraîne sa femme, qui résiste en vain. Bellefeuille prend la main de Nonore ; les voilà sur le petit terrain sablé. L'orchestre part, les paysans étaient partis avant ; la danse est très-animée. Tout à coup d'autres paysans arrivent d'un air furibond, en disant à ceux qui sautent : Nous vous avons défendu de danser avec nos femmes !

Et, sans attendre de réponse, ils appliquent des coups aux danseurs. Ceux-ci ripostent, tous les paysans qui sont à la fête accourent et prennent parti pour l'un ou pour l'autre. Le combat devient général. Les femmes se sauvent en criant, les enfants pleurent, et malgré cela les violons vont toujours. Au milieu de cette cohue, de cette grêle de coups que les paysans se donnent, madame Barbeau a perdu son mari, sa fille a été séparée de sa mère. Ce n'est pas sans peine qu'elles parviennent à sortir de l'enceinte du bal. Elles appellent leur époux, leur frère ; leurs voix se perdent avec celles des paysannes qui crient pour séparer les combattants. Au coin de la place ces dames retrouvent Grigou, que deux hommes viennent de relever, et sur lequel quatre paysans se sont battus pendant cinq minutes. Grigou est moulu ; il a trouvé assez de force pour s'éloigner de la fête et du village. M. Bellefeuille paraît ; il a perdu son chapeau ; mais il a retrouvé le petit Alexandre, et le ramène à sa mère. Il ne manque plus que M. Barbeau pour fuir Bagnolet ; il arrive enfin, sans cravate, le col déchiré, mais toujours de bonne humeur.

— Ah ! les enragés comme ils y allaient ! s'écrie-t-il en rejoignant sa femme. — Ah ! mon ami, d'où venez-vous ?... que j'étais inquiète ! — Je viens de me battre ! — Et pour qui ? — Je n'en sais rien ; mais, ma foi, tout le monde se battait, j'ai fait comme les autres, j'en ai roulé deux ou trois, et alors on m'a fait de la place. — Ah ! mon Dieu ! quelle partie de campagne !... — Est-ce que vous voulez vous en aller ? — Oui, monsieur, et je le veux encore. — Eh bien ! en route... Mais je ne vous réponds pas que nous trouverons une voiture à la barrière. — Ah ! monsieur Barbeau, dit Grigou, vous ne me reprendrez pas à une fête aux environs de Paris.

VERRES DE LA LANTERNE MAGIQUE.

Attention, messieurs et dames ! nous avons l'honneur de vous offrir premièrement le tableau d'une fête champêtre aux environs de Paris.

C'est la fête des Loges près de Saint-Germain. Cette fête est une des plus brillantes et des mieux composées, parce qu'étant plus éloignée de la capitale que Saint-Cloud, Vincennes, Pantin et autres lieux, les modestes bourgeois de Paris ne peuvent s'y rendre à pied, portant le pâté dans une serviette et le fin melon sous le bras. Pour aller aux Loges, il faut nécessairement faire la dépense d'une voiture ; tout le monde ne peut pas se permettre cela.

Voyez quelle file nombreuse d'équipages arrêtés dans ce bois ; des landaus, des calèches, des tilburys !... La société doit être choisie, direz-vous : elle le serait, en effet, si toutes ces voitures appartenaient aux personnes qu'elles ont amenées.

Enfonçons-nous un peu dans le bois ; mais prenons garde de tomber sur les rôtis que l'on a disposés, de distance en distance, dans ces cuisines creusées dans le gazon. Le bois retentit des éclats de la joie du paysan et de la gaieté du citadin. De tous côtés on rit, on danse ou l'on mange. Sous ces tentes dressées à la hâte se sont établis des traiteurs ambulants ; vous voyez des pyramides de poulets, de pigeons et de saucissons ; ce dont vous feriez peu de cas à la ville vous semble délicieux à la campagne ; de belles dames même ne dédaignent point le morceau de veau cuit sur le gazon, et que souvent la poussière a assaisonné.

Mais voyez sur la droite comme ce bal est brillant ; c'est celui du beau monde ; les villageois n'y sont point admis. On danse, quoiqu'on n'en ait pas trop l'air ; mais c'est le bon genre maintenant de danser comme si on ne dansait pas ; en revanche, on se fait des mines on se donne des airs penchés, on se glisse quelques mots à l'oreille, et on se serre la main bien délicatement.

Regardez à gauche : c'est un bal villageois ; celui-ci est tout l'opposé de l'autre ; les paysans sautent à qui mieux mieux ; les paysannes se trémoussent ; s'ils ne suivent pas toujours la mesure, du moins, en les regardant, est-on certain qu'ils dansent. Le premier est le bal policé, celui-ci est le bal de la nature. Passons à un autre tableau.

J'ai l'honneur de vous offrir l'atelier d'un peintre célèbre. Si vous voulez avoir l'image d'un beau désordre qui n'a pas été calculé, examinez l'intérieur de cet atelier pendant que l'artiste, donnant l'essor à son génie, achève un tableau d'histoire qui doit augmenter encore sa réputation.

Regardez cette table placée à droite, et sur laquelle sont les restes d'un déjeuner ; que ce désordre ne vous effraye pas : rappelez-vous que c'est à la confusion des langues des fondateurs de la tour de Babel que nous devons la naissance des divers idiomes, et songez qu'au sein des contrastes on trouve souvent des leçons de philosophie. Cette table nous en fournit plusieurs.

Voyez cette bouteille à couleurs et ce flacon qui sort du sac d'une petite-maîtresse ; la tête de la Vénus de Médicis sur un morceau de fromage ; le chapeau sale et crasseux du modèle couvrant la tête d'un empereur romain ; du jambon dans un casque grec ; trois phalanges de doigt sur un petit pain ; un pied de Diane sur le fémur d'Antinoüs ; une bouteille d'huile grasse sur un foulard ; du vermillon sur une tête de mort ; une tunique grecque enveloppant des cigares, et sur une sainte Bible des chansons de Béranger.

Cette table nous montre le néant des grandeurs humaines. Il en est des hommes comme des choses. Un temps viendra où nous nous trouverons juchés près d'un être qui nous fut constamment étranger.

Mais pardon, messieurs et dames, j'oublie quelquefois que je dois vous montrer la lanterne magique, et non vous faire de la morale. Mon penchant au bavardage m'emporte souvent !... Passons à un autre tableau.

Voyez quel site enchanteur, quelle belle nature ! comme ces arbres sont verts, ces gazons fleuris, ces eaux transparentes, et ces nuages azurés ! c'est l'*Intérieur de la lune*, vue prise du pont des Arts. Ceci est de la plus grande exactitude ; l'artiste, avec un télescope qui le transportait sur les lieux, distinguait si bien les habitants de la lune, qu'il apercevait même ceux qui étaient descendus dans leur cave ; car il y a des caves dans la lune, et on y boit du vin fait avec du raisin sans pépin, qui est très-commun dans ce pays-là. La chère y est fort bonne, on y vit bien ; aussi les *lunatiques* sont-ils très-gras. Le pays a beaucoup d'agréments ; il y fait jour pendant quarante-huit heures ; les soirées y sont très-courtes : voilà sans doute pourquoi on n'y a pas encore introduit l'éclairage par le gaz. Les maisons sont hautes comme les tours de Notre-Dame, et les petits arbres s'élèvent au-dessus des maisons. Mais vous désirez peut-être connaître un peu les mœurs des habitants : examinons les détails du tableau.

A la fenêtre de cette maison, remarquez cette jeune fille : ses regards sont constamment tournés vers le même point. D'abord sa figure exprimait le plaisir ; il brillait dans ses yeux ; un vif incarnat colorait ses joues, et elle passait fréquemment ses jolis petits doigts dans les boucles de ses cheveux, afin de réparer le désordre que l'air apportait dans sa coiffure. Elle chantait à demi-voix, et souriait en regardant le chemin par lequel doit venir celui qu'elle attend. Mais depuis quelques instants elle ne chante plus ; ses cheveux flottent à l'abandon ; la rougeur de ses joues a disparu ; ses yeux expriment la crainte, l'inquiétude ; son sein palpite... les battements de son cœur sont plus rapprochés : il ne vient pas, et l'heure qu'il avait fixée est passée depuis longtemps. Mille pensées l'agitent ; mille soupçons se présentent à son esprit. Où est-il ? Que fait-il à présent ? C'est ainsi que se terminent toutes ses conjectures. Que l'attente est pénible ! Chaque instant est un siècle de plus, et l'imagination augmente les souffrances du cœur. Peut-être est-il près d'une rivale ; il lui fait les plus doux serments, lui prodigue les plus tendres caresses !... Pauvre petite !... Déjà ses larmes coulent... Mais quel changement tout à coup ! Quelle expression de plaisir se fait jour parmi ses pleurs ! Quelle rougeur a coloré son charmant visage !... Qu'elle sourit avec ivresse !... Elle l'a vu, elle le voit ; elle va lui gronder pour cette heure d'attente ; mais elle n'en aura pas la force : mal passé n'est plus qu'un songe. En amour, un instant de bonheur fait oublier un siècle de peine.

Voilà, mesdames, comme les femmes aiment dans la lune ; c'est à vous de dire si vous éprouvez les mêmes tourments, les mêmes craintes, lorsque vous attendez celui que vous aimez.

Mais pénétrons dans ce boudoir. Qu'a donc cette jeune femme ? Elle est triste, elle soupire, se désole !... Son mari lui aurait-il fait infidélité ? Non ; ce n'est pas de son mari qu'elle s'occupe. Son cachemire serait-il moins beau que celui de son amie ? Ne l'aurait-on pas invitée à danser au dernier bal ?... C'est bien pis que tout cela, ma foi !... Elle vient de se trouver un cheveu blanc !... Un cheveu blanc!... et elle n'a que vingt-neuf ans! En vain sa femme de chambre lui a juré qu'il était blond argenté. — Non, non, s'écrie-t-elle, il est blanc, j'en suis sûre!... A vingt-neuf ans des cheveux blancs!... Mais c'est cruel!... c'est affreux!... Je suis donc déjà vieille!... Dans quel temps vivons-nous! Et cependant madame Valmont a quarante-cinq ans, et ses cheveux sont d'un noir d'ébène... Elle se les teint peut-être!...

— Madame, lui dit sa femme de chambre, mademoiselle Isaure, qui n'a que vingt-cinq ans, est déjà obligée de porter un tour... Oh! il n'y a plus d'âge pour blanchir!...

Ce discours console un peu la jeune femme. Vous voyez, mesdames, que dans la lune les cheveux blancs font peur à la beauté, à laquelle cependant ils donnent un air fort respectable. Mais ces dames ne tiennent pas à ce qu'on les respecte, elles veulent qu'on les aime... C'est des dames de la lune que je parle.

Occupons-nous un peu des hommes maintenant : quel est ce gros papa qui se promène dans ce jardin en se donnant un air d'importance tout à fait comique? C'est M. Jonas, qui s'est dit à quarante ans : C'est bien singulier! j'ai de l'esprit, de la fortune, de la tournure, et je ne puis réussir à rien; je manque toutes les affaires que j'entreprends, je ne me connais point d'amis, personne ne fait attention à moi. Marions-nous, prenons une jolie femme, cela me donnera de la considération dans la société.

En effet, M. Jonas s'est marié; son épouse est gaie, vive, aimable; elle raffole de la musique et de la danse, et la maison de M. Jonas devient le rendez-vous des jeunes gens à la mode. Le cher mari a plus d'amis qu'il n'en peut compter. C'est à qui lui rendra service et lui fera des politesses. Le pauvre homme est dans l'enchantement!...

Il paraît qu'on éprouve dans la lune l'influence du cotillon.

Mais regardez de ce côté : vous verrez des faits qui tranchent et décident sur ce qu'ils ne connaissent pas, tout en arrangeant le nœud de leur cravate, on en ébouriffant leurs cheveux; vous verrez des gens de mérite modestes, qui s'éloignent de la foule, et vont chercher le plaisir dans l'étude, le culte des arts et les charmes de l'amitié. Là-bas, ce sont de gros monsieurs, riches traitants, qui rassemblent à leur table tous les gens marquants de la ville; ils donnent des dîners magnifiques, dont les frais suffiraient pour nourrir dix pauvres familles. Ici, vous verrez des femmes gorgées de richesse, qui sollicitent encore, tournant sans cesse leurs regards et leur sourire du côté du pouvoir, louant aujourd'hui ce qu'ils ont déprécié la veille, et dénigrant demain ce qu'ils auront loué aujourd'hui, suivant que cela peut servir leur cupidité et leur basse ambition. Regardez; vous verrez encore des hommes de lettres envieux de leurs confrères, des sots bouffis de vanité, des moralistes sans honneur, des hypocrites en faveur, des rigoristes sans probité, des catons sans humanité, des censeurs sans vertu.

Mais pour voir toutes ces belles choses, est-il bien nécessaire de regarder dans la lune?... Redescendons sur la terre, messieurs et dames, et passons à un autre tableau.

PARIS DE MA FENÊTRE.

D'abord, il faut vous dire que ma fenêtre a vue sur le boulevard; non pas sur cet élégant boulevard, rendez-vous des dandys et de toute la gent fashionable, où se tient tous les jours une seconde bourse; où l'on décide la nouvelle que l'on répandra le lendemain, afin d'obtenir sur la rente une hausse ou une baisse, tout en admirant un nouvel attelage qui vient de sortir de la rue Laffitte ou du pâté des Italiens.

N'allez pas croire non plus que je sois relégué sur les boulevards du Marais, devant les rues de la Roquette ou Saint-Sébastien, n'ayant pour perspective que de vieux arbres fort mauvais, mais fort tristes; que des contre-allées souvent désertes, et dans lesquelles apparaissent de loin à loin quelques respectables habitants de la rue du Pas-de-la-Mule ou des Trois-Pistolets. Ce quartier deviendra très-gai, très-vivant peut-être, lorsque le nouveau théâtre Saint-Antoine sera en pleine activité; mais jusque-là vous trouverez bon que je ne m'y arrête pas.

Prenez le milieu entre ces deux positions, et vous serez positivement sur le boulevard Saint-Martin; vous n'aurez ni le dandysme de la Chaussée-d'Antin ni la tristesse du Marais; mais vous verrez un peu de tout; vous aurez un petit Paris fort gai, fort animé, très-varié, un peu bruyant le dimanche, mais très-supportable dans la semaine. C'est une espèce de lanterne magique dont j'ai le spectacle, et dont je vais vous décrire quelques tableaux, en supprimant toutefois monsieur le soleil et madame la lune, parce que je ne les regarde jamais ni l'un ni l'autre, pour ne point me faire mal aux yeux.

Plaçons-nous à la lanterne, ou plutôt à ma fenêtre, à sept heures du matin. C'est le premier tableau.

Alors le boulevard est presque calme; les boutiques ne sont pas encore ouvertes, car quelles sont en général les boutiques du boulevard? Des magasins de nouveautés, des marchands d'estampes, de gravures, de livres, de jouets, de bonbons, des fabricants de billards et autres objets que l'on va rarement acheter à sept heures du matin; c'est pourquoi tous ces marchands ne se pressent point d'ouvrir leur boutique : ils savent que les personnes qui leur achèteront ne se mettent pas en route de si bonne heure.

Vous remarquerez que les épiciers et les marchands de vin sont fort rares sur cette promenade; les coins de rue sont spécialement affectés à ce genre de commerce, ce qui est fort heureux pour les boulevards.

En revanche, cette promenade a une multitude de cafés. Pour ma part, j'en ai un sous moi, un en face, un à ma droite, deux à ma gauche; j'en aperçois encore deux un peu plus loin. Sans sortir de mon boulevard, je puis entrer dans dix cafés. On peut juger, d'après cela, du grand nombre de ces établissements dans Paris. Voilà qui donne un nouveau démenti au pronostic de madame de Sévigné qui annonçait que le café passerait comme Racine, ou que Racine passerait comme le café.

Comme ces établissements deviennent chaque jour plus brillants, plus élégants, plus riches... (à la vue du moins); comme les yeux y sont fatigués par l'éclat des glaces, des dorures et du gaz, vous comprenez que les propriétaires de ces fastueux caravansérails ne se lèvent pas comme le marchand de vin et l'épicier, qui vendent le petit verre au commissionnaire. Les garçons, fatigués d'avoir veillé tard, suivent l'exemple de leur maître; c'est pourquoi à sept heures du matin les cafés ne sont pas ouverts.

Les fiacres, les cabriolets sont encore rares; ce qui donne à ce moment un calme qui étonne même ceux qui passent. Déjà l'ouvrier matinal court à son travail en tenant sans son bras le tiers d'un pain de quatre livres, qu'il mangera à son déjeuner, et avec lequel l'homme du monde ferait six repas. Mais les gens qui se lèvent de bonne heure ont ordinairement bon appétit.

Voici les manœuvres retardataires; ceux qui n'ont pas d'ouvrage ou qui sont à leurs pièces; puis ceux qui flânent au lieu de travailler. Deux hommes s'accostent; il est aisé de voir que ce sont deux ouvriers. Mais l'un est propre; sa veste a des boutons, sa casquette est posée de manière à couvrir sa tête; enfin il a des bas des souliers et son pain sous son bras; l'autre a un mauvais bonnet rouge mis sur l'oreille, un tapageur; il est tout débraillé; son pantalon même semble ne pas tenir sur lui; enfin, il a à la bouche un brûle-gueule (c'est le tapt consacré). Écoutons leur conversation; c'est le second qui commence :

— Où donc que tu cours comme ça, Poulard? Une minute donc... on ne passe pas devant les amis sans faire une pose.

— Tiens! c'est toi, Balochet; tu te promènes les mains dans tes poches... est-ce que tu fais le mercredi aussi, toi?...

— Ah! ma foi, la semaine est trop avancée. C'est p'us la peine de la commencer. Viens donc arroser la conversation.

— Pas possible, je suis déjà en retard, et l'ouvrage presse...

— Viens donc, as-tu peur d'être grondé, clampin!...

— J'ai besoin de travailler, j'ai quatre enfants à nourrir.

— Eh bien! est-ce la femme? Est-ce qu'elle ne doit pas veiller à ça?... est-ce que c'est dans la dignité de l'homme de s'occuper des mioches?... Vois-tu, Poulard, il faut toujours que l'homme conserve sa dignité... Je suis pour les idées nouvelles, moi!...

— Et moi, je pense à nourrir mes enfants, vu que ma femme a ben assez à faire de les débarbouiller, de les soigner, et de nous préparer la pâtée à tous.

— Est-ce que ce n'est pas l'état de la femme de balayer les chambres et de nourrir la marmaille?... Dieu! Poulard, que t'es arriéré pour ton époque!... Viens donc chez le marchand de vin... c'est moi qui paye...

— Merci, je ne peux pas.

— Tu fais encore un fameux faignant!... T'aurais besoin d'être éclairé de mes lumières, Poulard; vois-tu... il faut connaître ses droits et sa dignité... les hommes doivent commander et se promener, et s'occuper de politique toutes les fois qu'ils en auront l'envie.

— Et les enfants mourront de faim pendant ce temps-là...

— Est-ce que les femmes ne sont pas responsables?... tu ne comprends donc pas!... Moi, vois-tu, je tiens au respect de mon autorité, et je suis susceptible d'aller très-loin...

— Tu me diras le reste un autre jour... adieu, Balochet!

— Écoute donc, Poulard!...

L'ouvrier qui travaille est déjà loin; celui qui flâne hausse épaules, et se dirige du côté d'un marchand de vin, en murmurant : Il n'y a pas moyen de faire entendre le raisonnement à cet être-là, n'en fers jamais rien.

Ces deux hommes sont remplacés par de jeunes filles qui, avant se mettre à l'ouvrage, viennent chercher leur tasse de lait pour déjeuner quotidien.

Voyez cette grosse paysanne, à la mine bouffie, aux joues vermeilles et rebondies, elle arrive tous les matins de Héry-le-Sec avec son âne chargé de boîtes de fer-blanc pleines de lait, et de quelques petites cruches, dans lesquelles on veut nous persuader qu'il y a de la crème. L'âne est placé chez un gardien, car les ânes n'ont pas la permission de stationner au coin des rues ou des boulevards : on a craint l'affluence.

La laitière est établie contre une maison voisine ; elle est entourée de ses boîtes et de ses cruches. Il y a un moment de presse où elle ne sait à qui répondre : toutes ces jeunes filles, toutes ces bonnes veulent être servies en même temps.

— Mon lait, Thérèse, je suis pressée.
— Mon lait, Thérèse, j'ai travaillé très-tard cette nuit, et j'ai besoin de prendre mon café.
— La laitière ! vous ne m'avez pas donné ma mesure.
— Et moi donc, je n'ai pas eu ma petite goutte.
— Moi, mon lait a tourné hier, ça m'a rendue bien malheureuse !

La laitière, toujours calme au milieu de ce déluge de paroles, n'en va pas plus vite, sert chacune de ses pratiques en assurant que son lait est toujours excellent (quand il tourne, c'est la faute des vaches), et après s'être débarrassée de la foule qui l'assiège donne un sourire à un assez beau garçon, en costume très léger, qui s'est arrêté devant elle.

C'est le garçon boulanger qui vient de porter du pain aux pratiques de son bourgeois. Vous saurez que le garçon boulanger aime beaucoup à rire, qu'il a ordinairement un faible pour les laitières, qu'il se croit très-séduisant, et qu'il fait des calembours.

Les laitières ne comprennent pas les calembours, mais elles rient de confiance, et le mitron a toujours sa petite cruche particulière lorsque par hasard il veut prendre du café.

Mais le tableau devient plus animé. Paris s'éveille ; les boutiques s'ouvrent ; les jeunes marchandes se montrent sur leur porte, encore en papillotes, en fichu du matin, et déjà curieuses de voir si leurs voisines ont étalé quelques marchandises nouvelles.

Les portiers et les portières se dessinent de distance en distance, comme des réverbères. Appuyés sur leur balai, ils écoutent les bonnes, et leur distribuent les nouveaux cancans qu'ils ont pu recueillir. Le portier de Paris est essentiellement cancanier, mauvaise langue. J'en sais un qui s'amusait à écrire des lettres anonymes aux locataires de sa maison ; et comme il voyait bien des choses, il mettait la discorde dans les ménages, au lieu de balayer le devant de sa porte.

Mais l'heure avance : le garçon boulanger reprend son panier plein de pains, et qu'il a déposé près des cruches de la laitière. Il fait à la grosse marchande un de ses sourires les plus séducteurs, elle lui répond avec gaieté, et puis ils se séparent, lui pour porter son pain, elle pour rassembler ses cruches vides.

La laitière est partie ; elle va reprendre son âne et retourner à Noisy-le-Sec ; la laitière ne connaît de Paris que la route qui mène à la place où elle vend son lait.

Maintenant ce ne sont plus les ouvriers, ce sont les employés que nous voyons passer.

L'un marche vivement, son petit pain dans la poche, l'habit boutonné jusqu'au menton, et parlant tout seul comme un vaudevilliste.

L'autre se dandine, flâne, regarde dans chaque boutique, s'arrête quand des chiens se battent, et devant une maison qu'on bâtit, et à chaque colonne-affiche.

Il y en a qui filent comme des fusées, sans regarder ni à droite ni à gauche, l'air très-affairé, des rouleaux de papier sous le bras, toujours bien brossés, bien cirés. Généralement l'employé est bien tenu.

Mais le moment de l'employé passe vite. Voici maintenant les personnes qui sortent pour leurs affaires, leur commerce. Mise négligée, bottes crottées, cela se reconnaît tout de suite. S'il fait mauvais temps, ces personnes-là seront sans parapluie ; tandis que le commis de bureau ne marche pas sans cela, pour peu que le ciel soit nébuleux.

Les petites boutiques viennent étaler sur le boulevard.

Là, c'est de la porcelaine, tasses, théières, assiettes, tout semble à très-bon marché ; mais vous ne faites pas attention que ces pièces sont de rebut, et qu'elles ont toutes quelque défaut.

Quels sont ces messieurs en redingotes boutonnées jusqu'au menton et coiffés avec des casquettes dont la visière leur descend presque sur le nez ? À leur accent, au cachet national empreint sur leur physionomie, vous devez sur-le-champ reconnaître des descendants du grand Abraham, des fils d'Israël, de cette nation si longtemps persécutée, et qui n'a pas fait pas moins son chemin le monde. En général les gens que l'on persécute acquièrent toujours ou de la gloire ou de la fortune. Les Juifs sont nés commerçants, et ce n'est point un reproche que je prétends leur faire, bien au contraire, c'est un éloge que je leur adresse ; car le commerce est la seule véritable richesse qu'il y ait au monde. Toutes les autres sont de convention. L'or, l'argent et les billets de banque n'ont de la valeur que parce que nous voulons bien leur en donner. Mais le commerce qui fait mouvoir tout cela, qui donne de l'activité à tant de millions d'hommes, qui fait voyager d'un pôle à l'autre les produits de nos fabriques et les denrées de nos climats, voilà la richesse qui n'est pas de convention et qui donne la vie aux autres.

Nous disons donc que les descendants d'Israël sont nés commerçants, comme les Italiens sont nés musiciens, les Anglais penseurs, les Allemands fumeurs, et les Français moqueurs. À l'âge de huit ou neuf ans, vous voyez des petits garçons juifs qui se promènent avec un éventaire devant eux ; ils ont commencé par trouver une épingle. Ils en ont cherché d'autres ; lorsqu'ils en ont amassé un cent, ils commencent à s'établir : c'est-à-dire à se faire marchands d'épingles ; et, au bout de quelques années, ces petits marchands ambulants auront une boutique ; un peu plus tard, des magasins, puis des commis, et peut-on savoir où cela s'arrêtera ?... Mais revenons à ces messieurs qui viennent stationner sur le boulevard.

L'un d'eux sort de dessous une espèce de pliant en bois sur lequel il pose une boîte plate et carrée, dont le dessus se relève et laisse voir une foule de bagues et d'épingles avec des pierres de toutes les couleurs ; vous voyez que cela fait tout de suite une boutique. Ce monsieur se met à crier :

— Voyez, messieurs, mesdames, choisissez dans la boutique. Tous bijoux fins et pierres fines montés en or... C'est contrôlé, messieurs, le contrôle y est, vous pouvez vous en assurer... on veut pas vous tromper... À trente sous des bagues en or... C'est par suite d'une faillite, c'est pour rien, profitez de l'occasion.

Pendant que ce monsieur fait ainsi l'éloge de sa marchandise, deux de ses camarades, chargés du rôle de compères, sont arrêtés devant la petite boutique qui a été déposée juste au milieu du boulevard ; ils semblent très-occupés à choisir des bagues et des épingles. Ils les admirent, ils s'extasient. Puis ils fouillent à leur poche, tirent une pièce de cinq francs, se font rendre de la monnaie, et tout cela dure très-longtemps, parce que l'on espère que cela attirera quelques badauds, plus quelque jobard qui se laissera entraîner par l'exemple et voudra faire cadeau d'une bague à sa femme ou à sa fille. En effet, les badauds s'arrêtent, regardent, écoutent, mais très-peu achètent. Le Parisien devient difficile à attraper.

Mais, outre les compères qui entourent la boutique et font semblant d'acheter, il y en a d'autres placés de distance en distance sur le boulevard ; ce sont des vedettes chargées de donner l'alarme dès qu'un sergent de ville ou un agent de police se montre à l'horizon. Il paraît que les bijoux si bien contrôlés craignent beaucoup les regards de l'autorité ; car, aussitôt qu'une vedette donne l'alarme, il faut voir avec quelle dextérité le marchand de bijoux ferme sa boîte, relève son pliant, fait disparaître la boutique et se sauve à travers les passants et les promeneurs. J'en ai vu, dans leur précipitation, laisser tomber une partie de leur marchandise, et ne pas vouloir s'arrêter pour la ramasser.

Ceci nous prouve qu'il existe à Paris de singulières industries, et que tout ce qui reluit n'est pas or.

Les voitures, les cabriolets se croisent ; les omnibus, les algériennes passent presque à chaque instant. Il devient si facile et si peu coûteux de faire ses courses en voiture, que je suis étonné de voir encore autant de piétons dans Paris.

Il est deux heures, le tableau est à son apogée. Quel mouvement, quelle variété, quels contrastes dans ces figures, dans ces personnages ! Là, de jeunes et jolies femmes, élégantes, gracieuses, sortant pour se promener, pour faire admirer leur figure et leur toilette ; ici, la pauvre rentière s'enveloppant avec peine dans un vieux châle usé.

Puis un jeune homme moyen-âge, ayant de belles moustaches qui rejoignent d'énormes favoris, une royale au menton, un chapeau dont la forme est un peu pointue du bout, et sous lequel flottent des cheveux bouclés et frisés avec soin. Là-bas, un particulier en veste de velours, pantalon pareil, pas de gilet, et très-peu de boutons de mis au pantalon et à la veste ; avec cela une chemise ouverte, qui laisse voir la poitrine de monsieur, et qui nous apprend que cet individu a beaucoup de ressemblance avec un ours, connaissance dont nous nous serions bien passé.

Et ce personnage débraillé, dont la figure est avinée et la démarche chancelante, parle tout haut, chante même assez souvent en marchant, il affectera de tenir les propos les plus libres, de faire entendre les paroles les plus indécentes, lorsqu'il passera près d'une femme qui aura l'air honnête, ou près d'une jeune fille au maintien modeste ; et ne se trouvera personne pour arrêter un tel misérable ! Est-ce que ces gens-là veulent nous souffler au visage leurs vices, leur infamie, leur haleine empestée ne sont pas aussi punissables que ces petits marchands non patentés ? En France on n'est pas assez sévère pour ce genre de délit, qui devient extrêmement commun depuis que nous avons le bonheur d'avoir la liberté que tant de gens traduisent par la licence.

Mais quel est ce vieux couple qui débouche par le coin du boulevard, et qui semble vouloir tout renverser sur son passage ?

La femme est fort laide ; mais en revanche elle a l'air très-désagréable. Elle est grande, maigre, longue, sèche et jaune ; elle a un immense chapeau sur lequel il y a des fleurs, des plumes, des marabouts, de la blonde et de gros nœuds de rubans. Ce chapeau-là doit bien fatiguer la personne qui le porte, et lorsque le vent s'engouffre dans tout cela, il faut nécessairement que cette dame ait quelqu'un qui la retienne à terre, sans quoi son chapeau lui ferait faire une ascension.

Mais nous n'avons pas encore tout vu. Sous le chapeau il y a un bonnet, et ce bonnet est orné de fruits artificiels. Vous savez que la

mode a pendant quelque temps remplacé les fleurs par les fruits; cette dame aura probablement trouvé que cela allait très-bien à la physionomie, car elle a sur chaque côté des joues une grappe de raisin, et sur le front un paquet de groseilles rouges. Figurez-vous maintenant cette vieille et maigre figure jaune entourée de raisin, de groseilles, couverte de plumes et de fleurs, et vous ne serez pas étonné si tout le monde se retourne en passant près de cette dame, et si quelques personnes s'écrient:
— Qu'est-ce que c'est que cela?... avez-vous vu ce grand corps qui vient de passer?
— Oui, cela m'a fait peur... on dirait une momie qui marche.
— Moi cela m'a fait l'effet d'un singe déguisé en femme.
— C'est quelque dame étrangère qui prend l'air pour sa santé.
— Ah! Dieu! elle a l'air bien malade.

Et la grande dame, qui entend quelquefois ce qu'on dit d'elle, jette des regards furibonds sur la foule et serre le bras de son mari en lui disant:
— Marchez donc, monsieur Mollet, vous nous faites rester au milieu de ce petit monde... on me volera mon cachemire sur mes épaules, et certes ce n'est pas vous qui courrez après le voleur.

PARIS DE MA FENÊTRE.
Le garçon boulanger aime beaucoup à rire, et il a un faible pour les laitières.

M. Mollet est un homme court, replet, rouge, cagneux, qui porte constamment sur lui un maillot entier en flanelle, et par là-dessus deux chemises, un caleçon en finette, un pantalon en cuir de laine, deux gilets, un habit, une redingote et un paletot. Vous comprenez que cette grosse masse a beaucoup de peine à se remuer; quand M. Mollet veut chercher son mouchoir dans sa poche, il commence par soupirer, puis il s'arrête, lâche le bras à sa femme, lui donne sa canne à tenir, et tâche de faire usage de ses mains; mais il n'est jamais bien certain dans laquelle de ses poches il a mis son mouchoir, et l'examen en est tellement long, que madame Mollet y met souvent fin en prêtant son mouchoir à son mari, qui le prend d'un air reconnaissant en murmurant:
— Merci, bobonne... je ne te le salirai pas, ce n'est que de l'eau.

M. Mollet reprend sa canne et le bras de sa femme; le vieux couple se remet en marche: la dame persuadée qu'on doit se ranger devant elle parce qu'elle porte sur ses épaules un véritable cachemire des Indes; le mari aussi bête que sa moitié, et croyant que tout le monde admire sa belle épingle en diamant et sa belle canne à pomme d'or.

Je n'ai pas besoin de vous dire que ces gens-là ne sont ni comtes ni marquis. La vraie noblesse peut être altière, fière, orgueilleuse, mais elle n'est jamais ridicule.

La Rochefoucauld a dit: « L'accent du pays où l'on est né, demeure dans l'esprit et dans le cœur comme dans le langage. »

Moi, je crois que l'on garde aussi l'accent de l'état que l'on a exercé; celui-là demeure dans les manières et dans la tournure comme dans le langage.

Ce monsieur et cette dame sont d'anciens boulangers retirés du commerce avec trente mille francs de rente. Certainement on peut être fort estimable tout en vendant du pain et des flûtes; mais il ne faut pas ensuite vouloir se donner des airs impertinents.

Laissons passer le vieux couple. Regardons ces enfants que conduit une bonne. Ces enfants si frais, si roses, si gentils, qui sautent et bondissent avec tant de plaisir devant chaque étalage de jouets. Le petit garçon a un cerceau, il veut le faire manœuvrer à travers cette foule incessante qui lui barrera souvent le passage. La petite fille a une balle qu'elle jette devant elle pour avoir le plaisir de courir après. Mais elle n'a que trois ans, et sa bonne ne devrait pas la laisser courir seule; malheureusement pour l'enfant, la bonne vient de rencontrer une payse, et il est bien plus agréable de savoir des nouvelles de son endroit que de courir avec un enfant pour attraper une balle.

Cinq minutes ne se sont pas écoulées, et le petit garçon est renversé en voulant ravoir son cerceau qui est dans les jambes d'un maçon, et la petite fille tombe sur le nez en courant trop fort après sa balle.

Des passants ramassent les enfants, que la bonne n'entendait même pas crier, parce qu'elle contait la payse lui contait le mariage de son frère Jean-Louis avec la fille du meunier. Enfin quelqu'un lui fait apercevoir les deux enfants qui pleurent, en lui demandant s'ils sont avec elle. Alors la bonne court au petit garçon et à la petite fille; elle les gronde tous les deux; elle leur promet le fouet s'ils disent à leur maman qu'ils sont tombés; et les enfants, le cœur gros, le visage barbouillé de poussière, promettent à leur bonne de ne rien dire; alors celle-ci, pour les guérir de la bosse qu'ils ont à la tête, les conduit vers le marchand de coco et leur dit: — Je vais vous régaler.

Le marchand de coco est un être classique, comme le marchand de plaisir, et les enfants sont classiques, car ils aiment toujours le plaisir et le coco.

Il n'y a point de bonne fête populaire, de spectacle gratis, de queue à un théâtre, de revue au Champ-de-Mars, de foire aux environs de Paris, de cortège sur les boulevards, sans que le marchand de coco y soit. Voyez-le avec sa fontaine argentée, bien polie, bien brillante, et puis les fleurs, les pompons, les grelots, les sonnettes qui pendent après; c'est une petite Samaritaine ambulante.

Le marchand de coco a ordinairement le nez aussi rouge que son tablier est blanc, ce qui ferait croire que l'honnête industriel ne se désaltère pas avec sa marchandise, et qu'il ne mange pas son fonds. Mais son air est avenant, sa démarche assurée, malgré la fontaine qu'il porte sur ses épaules; il crie d'une voix un peu aigre quelquefois:
— Qui veut boire? à la fraîche, qui veut boire? Mais il accompagne cela en secouant les sonnettes et les gobelets, ce qui produit une petite musique turque fort agréable. Je suis surpris qu'on n'ait pas encore employé le marchand de coco dans les concerts monstres.

Le monde passe toujours. Nous laissons échapper des originaux: d'abord, ce petit monsieur bossu, qui marche en se dandinant avec prétention, lorgnant les dames d'un air malin, et se figurant qu'on ne voit pas la difformité de sa taille, parce qu'il est toujours mis à la dernière mode.

Le monde va plus vite: c'est l'heure du dîner, il est rare qu'à ce moment il ne s'opère pas dans la marche un mouvement accéléré. L'un est attendu par sa femme, qui le grondera s'il revient tard. L'autre doit dîner en ville, et il faut qu'il aille d'abord faire sa toilette.

Un cabriolet élégant passe rapidement sur la chaussée, un petit-maître le conduit; prenez garde, il ne vous criera pas: Gare! Il vous écrasera si vous ne vous rangez pas à temps. Faites donc place, pauvres piétons! ne voyez-vous pas que ce monsieur est un entrepreneur qui au lieu de payer ses actionnaires trouve plus agréable de les éclabousser?

Un moment: voilà une petite femme grosse, courte, ramassée, qui veut rejoindre un omnibus. Le conducteur ne la voit pas, la petite dame est bien malheureuse; elle ne peut pas crier, parce qu'elle est enrhumée; elle ne peut pas courir, parce qu'elle porte un panier et un carton; elle se place au milieu de la chaussée et fait la pantomime la plus expressive, jusqu'à ce qu'une grosse voix lui crie aux oreilles: Rangez-vous donc!

Ce sont des commissionnaires qui font un déménagement; la pauvre dame est obligée de quitter la chaussée, et attendre que la Providence lui envoie un autre omnibus, ce que la Providence fait toutes les cinq minutes.

Mais où va ce couple joyeux, mise bourgeoise, tournure un peu commune? La femme a un bonnet, l'homme a des anneaux à ses oreilles; ils poussent de côté tous ceux qui les gênent pour avancer: ils renverseraient les étalages, les boutiques, les marchands même, plutôt que de ne pas arriver à temps.

Ce sont de petits marchands qui vont au spectacle, au spectacle qu'ils adorent, et où leurs moyens ne leur permettent pas d'aller plus de quatre fois par an. Mais aussi ils ne veulent pas manquer une pièce, une scène, un mot. Ils ont choisi le théâtre où l'on donne le spectacle le plus long. A l'Ambigu-Comique il y a sur l'affiche trois mélodrames bien complets, bien fournis. Si un autre théâtre eût donné quatre mélodrames, ils y auraient été; mais comme jusqu'à présent on n'a encore été que jusqu'à trois, nos jeunes gens vont à l'Ambigu.

Ils arrivent avant les pompiers, avant la garde municipale; ils voient poser les barrières pour la queue; ils voient entrer les ouvreuses; ils sont seuls encore devant le bureau, et malgré cela, ils ne cessent pas de se dire : *Pourvu que nous ayons de la place !*

Ne nous moquons pas de ces gens-là ! ils auront au spectacle un plaisir que nous ne comprenons pas et que nous ne goûterons plus, nous, blasés sur les illusions de la scène; nous qui, les trois quarts du temps, n'écoutons pas, et qui voyons l'acteur tandis que ces bonnes gens ne voient que le personnage.

— Voyez, messieurs, mesdames ! choisissez dans la boutique. Contrôlé par la Monnaie.

Mais le jour baisse, les cafés s'éclairent, brillent, resplendissent de gaz !... les boutiques deviennent aussi plus belles, et il est rare que les marchandises étalées ne gagnent pas à être vues aux lumières. C'est le véritable moment de la promenade; le soir on ne sort plus guère pour ses affaires, mais on sort pour plaisir.

C'est le moment où le mari galant mène sa femme choisir le châle en bourre de soie dont il veut lui faire cadeau; aussi voyez comme ces dames ont l'air aimable en se penchant au bras de leur cavalier, et en lui désignant, dans un magasin, une étoffe de robe ou de manteau qui est charmante à la lumière.

Voyez aussi les employés qui vont au café faire leur partie de billard ou de domino, et ceux qui s'asseyent dans la barrière, sur le boulevard, pour y prendre de la bière que le garçon a soin de faire mousser, de manière à ce qu'un tiers de la bouteille se répande sur la table.

Comme tout le monde a l'air gai, satisfait, content! en vérité, les habitants de Paris, vus au gaz, semblent bien heureux, et un étranger qui se promène le soir sur nos boulevards, si brillants de boutiques et de cafés, si animés par les théâtres, les promeneurs et les marchands ambulants, un étranger doit prendre une idée bien favorable de notre ville et de ses habitants.

Mais l'apparence est souvent trompeuse. Ces hommes, qui sont entrés au café pour se divertir, s'échaufferont avec du punch, se querelleront, et sortiront peut-être pour se battre. Ces deux époux qui semblaient si bien d'accord, rentreront chez eux en se faisant la moue, parce que monsieur n'a pas voulu satisfaire toutes les envies de madame. Les marchands fermeront leur boutique en se plaignant, parce qu'ils n'auront rien vendu dans la journée, et les pompiers reviendront en jurant contre les spectacles qui finissent trop tard.

Puis, derrière ces jeunes gens qui se promènent en chantant, en riant, à la suite du dîner qu'ils viennent de faire aux *Vendanges de Bourgogne*, un pauvre père de famille ne sait comment rentrer chez lui parce qu'il n'a pas de pain à porter à ses enfants, ou un vieillard honteux et tremblant s'approchera de vous sans oser mendier, mais en murmurant quelques mots que vous comprendrez bien vite si vous êtes compatissant. Alors vous sentirez que tout n'est pas joie dans ce qui est devant vos yeux, qu'il y a plus de mouvement que de bonheur dans ce tableau; que les uns veulent afficher un luxe au-dessus de leurs moyens, tandis que les autres se disent gênés pour ne pas être obligeants; qu'il y a plus d'ostentation que d'aisance dans ces magasins si bien éclairés; qu'il y a plus d'ennui que de plaisir chez ces gens qui veulent avoir l'air de s'amuser, et qu'enfin le naturel est ce qu'on rencontre le moins dans une grande ville, où il semble que l'on craigne même de marcher et de se promener naturellement.

Mais les spectacles finissent : c'est encore un moment de vente pour les pâtissiers; presque tous les habitués du paradis vont se faire servir de la galette; on fait un moment queue pour avoir de la marchandise toute chaude. Le commerce de la galette a pris depuis quelques années beaucoup d'extension; on y fait fortune en peu de temps. Vous pouvez voir tous les soirs à l'orchestre de l'Opéra-Comique, parmi les abonnés fidèles de ce théâtre, un ci-devant marchand de galette. Cela prouve que tout en faisant sa pâte ferme, ce monsieur avait du goût pour la musique; je suis fâché, seulement, qu'il ne soit pas abonné aux Bouffes.

Le monde devient rare, les boutiques se ferment, le gaz s'éteint; quelques cafés brillent encore, mais bientôt ils s'éteignent aussi, et de tous ces feux qui éclairaient les boulevards, il ne reste plus que les réverbères qui brillent fort peu et qui éclairent fort mal.

Avant de quitter la croisée, attendez un moment. Je crois que nous allons voir encore quelque chose, car des hommes se promènent là-bas, devant cette grande maison, et ce n'est pas sans intention.

Vous pensez peut-être que je vais vous faire assister à une scène de voleurs? Rassurez-vous, cela n'aurait rien de piquant et de neuf dans une grande ville; vous allez voir quelque chose de plus original.

Tenez : on ouvre une fenêtre au troisième dans la grande maison, un monsieur y paraît et regarde sur les boulevards; les hommes en bas lui crient : Va ! dépêche-toi !...

— Je n'ai pas besoin de vous dire que ces gens-là ne sont ni comtes ni marquis. Vous voyez M. Mollet et sa dame.

Pif !... pan !... pouf !... en quelques secondes trois matelas sont jetés par la fenêtre, puis une couchette, puis une commode, puis deux chaises et deux paquets sont jetés sur les matelas. Tant pis si les meubles se brisent; on préfère les voir cassés à ce qu'ils soient vendus par le propriétaire. Vous comprenez à présent que vous assistez au déménagement d'un pauvre diable qui n'a pas pu payer son terme, et auquel le propriétaire a signifié qu'il n'emporterait pas ses meubles. Le malheureux locataire a répondu en soupirant : — Je ne les emporterai pas.

En effet, il se contente de les jeter par les fenêtres, et ce sont deux de ses amis qui les emportent. En quelques secondes, le déménagement s'est effectué, et le lendemain le locataire sortira de grand matin, mais par la porte, pour aller rejoindre ses meubles qui sont sortis par la fenêtre.

Vous ne vous doutiez pas peut-être qu'à Paris il se fît des déménagements aussi tard. Mais il s'y fait encore bien des choses que nous n'avons pas vues; et si ces tableaux vous ont amusé, vous pourrez une autre fois en voir la suite en vous mettant à ma fenêtre depuis minuit jusqu'à sept heures du matin.

A BON CHAT, BON RAT.

PROVERBE.

PERSONNAGES.

M. DE LA FINOTIÈRE, gentilhomme campagnard.
FRANVILLE, mari d'Hortense.
DERMILLY, ami de Franville.
HENRI DEMARSAN, amant d'Estelle.
LABRIE, valet de Dermilly.
HORTENSE, femme de Franville.
ESTELLE, fille de la Finotière.

La scène se passe dans une petite ville aux environs de Paris, sur une place donnant sur une promenade; à gauche est la maison de madame Franville, à droite, celle de la Finotière, et sur le devant un bosquet de lilas.

SCÈNE I.

LA FINOTIÈRE sortant de chez lui.

Allons, il faut qu'aujourd'hui même on s'explique : ma fille ne veut pas en convenir, mais je suis certain qu'elle raffole de Dermilly... Celui-ci ne s'est pas encore déclaré, mais il adore ma fille!... c'est positif... Je vois tout cela, moi, j'ai un tact; une pénétration!... rien ne m'échappe... Sur un mot, un regard, je découvre une intrigue!... et Dieu merci, quoiqu'à trente lieues de la capitale, je ne manque pas d'occupation!... ça va même très-fort depuis quelque temps!... Cependant je ne connais pas encore cette dame qui loge là depuis un mois à peu près... On la nomme madame de Franville, c'est très-bien, mais cela ne suffit pas. Que fait-elle? d'où vient-elle? Est-elle veuve ou mariée? Que fait son mari?... Voilà de ces choses qu'il faut absolument que je sache... et que je saurai bientôt. Déjeune-t-elle avec du café, du thé ou du chocolat?... c'est très-important à savoir... On n'a pas encore ouvert la croisée... il paraît qu'on se lève tard.

SCÈNE II.

LA FINOTIÈRE, HENRI.

HENRI à part. — Je veux la voir encore, cette inconstante Estelle... et qu'elle sache que je ne l'aime plus.
LA FINOTIÈRE. — Ah! te voilà, mon cher Henri... Eh bien! quelle nouvelle?... que dit-on aujourd'hui dans la ville?... comment s'est terminée la dispute du greffier avec son clerc?... La femme de l'adjoint a-t-elle renvoyé sa domestique?... Elle avait trouvé son mari à la cuisine,... c'est là-dessus qu'est venue la querelle.
HENRI. — Ah! monsieur de la Finotière, ce n'est pas tout cela qui m'occupe,... mademoiselle votre fille!... (Il soupire.)
LA FINOTIÈRE. — Ah! pauvre garçon!... je comprends!... Tu l'aimes, c'est bien fort bien... il y a longtemps que je le sais!... mais elle ne t'aime pas, je dirai même plus, elle ne t'a jamais aimé.
HENRI. — Comment, monsieur,... vous croyez!...
LA FINOTIÈRE. — Est-ce que je me trompe, moi?... Que veux-tu, mon garçon? c'est Dermilly qui a touché son cœur... le fait est qu'il est beaucoup mieux que toi.
HENRI. — Que je suis malheureux!... Comment, monsieur, vous souffrez cela!...
LA FINOTIÈRE. — Que diable, mon ami, je ne puis pas contraindre ma fille, je ne suis pas un tyran... Regarde-moi bien... est-ce que tu trouves que j'ai dans la physionomie quelque chose d'un tyran?
HENRI. — Cependant vous m'aviez fait espérer...
LA FINOTIÈRE. — Sans doute!... pardieu, si ma fille t'avait aimé!... tu es un honnête garçon,... de bonne famille... je t'aime beaucoup, moi, oh! je t'aime sincèrement; mais je ne peux pas t'épouser!... Vois-tu, il faut pour séduire les jeunes filles un certain, je ne sais quoi,... une certaine manière... que tu n'as pas le tout!... Oh! je te le dis franchement! je m'y connais... Au revoir, mon cher ami; console-toi,... une autre t'aimera peut-être... avec le temps!... Tu as un tailleur qui t'habille mal, aussi... il faut en changer... Pour réussir dans le monde, et surtout près des femmes, la première chose, mon ami, c'est d'avoir un bon tailleur. *(Il sort.)*

SCÈNE III.

HENRI seul.

Conçoit-on ce père qui, pour que l'on soit digne de sa fille, veut d'abord que l'on soit bien habillé?... Hum!... si ce n'était pas le père d'Estelle, je lui dirais qu'il n'est qu'un vieux fou... Mais je me contente de le penser... c'est presque toujours comme cela dans ce monde! Ah! mademoiselle Estelle,... c'est un fat, un étourdi qui vous plaît maintenant!... après m'avoir fait les plus tendres serments!... Oh! les femmes! Enfin elles sont toujours les mêmes... et puisque nous les adorons comme cela, il paraît qu'elles font bien de ne point changer.

SCÈNE IV.

ESTELLE, HENRI.

ESTELLE *sortant de la maison*. — Ah! le voilà, ce vilain jaloux!... Je veux lui apprendre à douter de mon cœur...
HENRI *à part*. — C'est elle. Je devrais m'en aller, si j'avais un peu de fierté... mais je ne m'en irai pas...
ESTELLE. — Ah! vous voilà, monsieur Henri... Je croyais mon père avec vous...
HENRI. — Il me quitte, mademoiselle.
ESTELLE. — Et M. Dermilly, l'avez-vous vu aujourd'hui?
HENRI *à part*. — Allons, elle ne pense qu'à lui! *(Haut.)* Non, mademoiselle, non,... je n'ai pas eu ce bonheur!... Mais, sans doute, il ne tardera pas à se rendre près de vous.
ESTELLE. — C'est un jeune homme bien aimable!... toujours empressé, galant...
HENRI *à part*. — Elle va me faire son éloge... Comme c'est amusant!... Je dois avoir l'air très-bête!
ESTELLE. — Je crois qu'il rendra une femme très-heureuse.
HENRI. — Mademoiselle, vous croyez peut-être me faire de la peine en me disant cela,... mais vous vous trompez bien!... Un autre obtient la préférence; eh bien! loin d'éprouver des regrets, je vous rends vos serments... et je saurai m'en consoler.
ESTELLE *piquée*. — Vous ferez fort bien, et je vous y engage!... Oh! d'ailleurs, les hommes se consolent toujours!... Ah! voici M. Dermilly!
HENRI. — Cet homme-là me poursuivra partout!...

SCÈNE V.

LES PRÉCÉDENTS, DERMILLY.

DERMILLY. — Ah! c'est la charmante Estelle!... *(A part.)* Et son dangereux adorateur!... C'est ma bête noire que ce monsieur.
HENRI *à part*. — Eh! comment se porte votre père, ce cher M. de la Finotière?... Il y a un siècle que je ne l'ai vu...
ESTELLE. — Vous vous oubliez, ce n'est pas bien!
DERMILLY. — Vous oublier!... impossible. Tenez, encore ce matin, je parlais de vous avec trois jeunes officiers de la garnison avec lesquels j'ai déjeuné. Je vous citais comme un modèle de grâce, de talents, d'esprit!... Vous jouez au boston comme un ange! je citais la dernière misère en cœur que vous avez gagnée... Ah! c'était d'une audace prodigieuse... Il n'y a que vous pour risquer de ces *misères-là*.
ESTELLE. — Ah! monsieur!
HENRI *à part*. — Drôle de façon de faire la cour à une demoiselle!... lui parler du jeu de boston!... Il me fait l'effet d'un sot, ce monsieur.
DERMILLY. — Quel dommage de vous voir rester dans une petite ville de province! En vérité, c'est un vol fait à la capitale!... Je m'en plaindrai à M. de la Finotière.
ESTELLE. — Vous ne m'en saurez pas gré!... J'aime ma petite ville, et je ne suis pas inconstante, moi.
HENRI *à part*. — Elle n'est pas inconstante!... Non... elle n'ose pas! Elle y est de la même force qu'au boston.
ESTELLE. — Mais mon père va rentrer, je vous quitte, messieurs.
DERMILLY. — J'espère vous revoir bientôt!... *(Dermilly baise la main d'Estelle, qui rentre.)*
HENRI *à part avec colère*. — Il lui a baisé la main!... Ah! c'en est fait, je ne dois plus penser à cette femme-là! *(Il s'éloigne en jetant un regard furieux à Dermilly.)*

SCÈNE VI.

DERMILLY, LABRIE.

DERMILLY *riant*. — Eh bien! qu'est-ce qu'il a donc à me regarder, ce monsieur?... si cela lui déplaît, qu'il le dise... On lui demandera peut-être sa permission pour faire des conquêtes?

LABRIE *arrivant.* — Me voici, monsieur; j'ai fait toutes vos commissions.
DERMILLY. — Tu as porté chez le colonel les cent louis que j'ai perdus hier au jeu?
LABRIE. — Oui, monsieur... Si nous allons de ce train, la succession pour laquelle nous sommes venus dans ce pays ne nous y retiendra pas longtemps!
DERMILLY. — Il faut bien faire quelque chose; mais rassure-toi, je ne jouerai plus de quelque temps... je suis amoureux.
LABRIE. — Monsieur, je vous ai toujours connu amoureux, et cela n'empêchait pas... Mais, mariez-vous, et devenons sage, enfin!
DERMILLY. — Que je me marie!... Imbécile!... est-ce possible?...
LABRIE. — Comment, monsieur!... Pourquoi n'est-ce pas possible?...
DERMILLY. — Ecoute : tu sais qu'à peine arrivé dans cette petite ville, j'ai reçu une lettre de Franville, qui habite Paris?...
LABRIE. — C'est le seul de vos amis qui vous ait donné de bons conseils, et même je crois qu'il vous a plus d'une fois prêté de l'argent... c'est superbe, ça.
DERMILLY. — Cela ne te regarde pas... D'ailleurs, je le lui ai rendu, ce qui est encore plus beau. Eh bien! le sage Franville s'est marié secrètement; il a fait cacher sa femme dans cette ville, jusqu'à ce qu'il ait obtenu le pardon de son oncle, qui avait d'autres vues sur lui; et cette dame qui loge là...
LABRIE. — C'est madame Franville, je comprends!
DERMILLY. — Me sachant ici, mon ami m'a prié de voir souvent sa femme, de lui tenir fidèle compagnie; enfin il me l'a recommandée tant que je resterais dans ce pays.
LABRIE. — Parbleu, il a eu là une belle idée!... Je devine le reste... par excès de zèle et d'amitié vous faites la cour à sa femme...
DERMILLY. — Non!... oh! je ne lui fais pas la cour!... mais je l'adore... J'ai tort, je le sens bien; mais Hortense est si jolie!... il est impossible de voir cette femme-là sans en être épris. Que veux-tu; ayant chaque jour l'occasion d'être seul avec elle... d'admirer les grâces de son esprit... Eh! mon cher Labrie, c'est une terrible chose que l'occasion, et je ne conçois pas comment Franville, qui connaît mon extrême sensibilité, a pu m'exposer à une telle épreuve...
LABRIE. — C'est vrai, monsieur... oh! c'est lui qui est dans son tort!... En général, les maris sont toujours dans leur tort!... Madame Franville connaît-elle votre amour?
DERMILLY. — Oh! elle ne le connaîtra jamais!... Cependant il y a des moments où je suis prêt à lui tout avouer!...
LABRIE. — Tenez, monsieur, voilà une nouvelle folie qui n'amènera rien de bon! Au lieu de cela, si vous pouviez épouser la fille de M. la Finotière... jeune personne qui sera fort riche!... ce serait une bonne affaire... et maintenant, quand on se marie, c'est uniquement pour cela...
DERMILLY. — Oui! oh! je le sais bien, c'est comme lorsqu'on fait une pièce de théâtre à présent; c'est uniquement pour gagner de l'argent!... mais tu sais bien que le mariage me fait peur. Un garçon est si heureux! il s'amuse tant!...
LABRIE. — Oh! certainement, un garçon s'amuse beaucoup... tant qu'il a de l'argent; mais quand il n'en a plus, adieu les plaisirs! Croyez-moi, monsieur, mademoiselle la Finotière serait un parti excellent... et si elle vous aimait...
DERMILLY. — Comment, maraud, si elle m'aimait!... mais elle m'adore... Je n'aurais qu'un mot à dire, et... On sort de cette maison... C'est Hortense... va-t'en!
LABRIE. — Allons, encore une aventure où il n'y aura rien de bon à gagner. (*Il sort.*)

SCÈNE VII.
DERMILLY, HORTENSE.

HORTENSE. — Ah! vous voilà, Dermilly; il faut que je vous gronde. Je ne vous ai pas vu depuis quelques jours. J'écrirai à Franville que vous négligez sa femme.
DERMILLY. — Ah! madame... ce reproche est trop obligeant... mais des occupations sérieuses... Vous êtes coiffée comme un ange, aujourd'hui...
HORTENSE. — Vous trouvez... Je craignais que les bandeaux ne m'allassent pas bien.
DERMILLY. — Est-ce que tout ne vous va pas... avec une figure comme la vôtre?...
HORTENSE. — Oh! ne me dites pas cela d'abord, je sais très-bien que je ne suis pas jolie!...
DERMILLY. — Ah! madame!... quel blasphème!
HORTENSE. — Je ne dis pas non plus que je sois laide... J'ai de la physionomie, voilà tout... Au reste, il y a très-peu de femmes véritablement jolies; souvent, à la promenade, j'ai fait cette remarque-là... Vous dites donc que vous avez des affaires sérieuses... Ah! je devine, quelque nouvelle conquête... car vous avez une terrible réputation.
DERMILLY. — Je suis comme Figaro, je vaux mieux que ma réputation.
HORTENSE. — Avez-vous reçu des nouvelles de Franville?
DERMILLY. — Non, madame.
HORTENSE. — Ni moi... Il n'a jamais été si longtemps sans m'écrire!... Croyez-vous que son oncle lui pardonnera?
DERMILLY. — Eh! madame! qui pourrait ne point partager les sentiments de Franville?... Qui pourrait, en vous voyant... (*A part.*) Allons... mon secret va m'échapper...
HORTENSE. — Ah! ah!... en vérité, Dermilly, vous êtes aujourd'hui tellement préoccupé, que vous oubliez ce que vous voulez dire!... Mais je vous pardonne... et si vous me jugez un jour digne d'être votre confidente...
DERMILLY. — Ma confidente!... Si j'osais vous confier... si vous pouviez lire dans mon âme!...
HORTENSE. — J'y verrais un nouvel amour... qui durera peut-être un grand mois... mais, tenez, pour vous distraire, vous seriez bien aimable d'aller voir s'il n'est pas arrivé de lettres de Franville...
DERMILLY. — Madame, vos moindres désirs sont des ordres... Je cours et je reviens dans un moment. (*Il sort.*)

SCÈNE VIII.
HORTENSE, LA FINOTIÈRE.

HORTENSE. — Ce pauvre Dermilly!... Je voudrais bien savoir à qui s'adressent ses soupirs.
LA FINOTIÈRE. — Rien d'intéressant aujourd'hui!... C'est une chose étonnante!... pas le plus petit caquet... le pays devient très-ennuyeux. Eh! mais je ne me trompe pas... voilà cette dame qui loge là...
HORTENSE *à part.* — Ce monsieur est, je crois, mon voisin.
LA FINOTIÈRE *à part.* — Superbe occasion pour entamer la conversation... (*Faisant plusieurs saluts à Hortense.*) Je crois que j'ai l'avantage de saluer la dame qui habite cette maison?...
HORTENSE. — Oui, monsieur.
LA FINOTIÈRE. — Enchanté de faire votre connaissance... Déjà, comme voisin, j'avais l'intention d'aller vous présenter mes hommages... quoique l'on m'ait dit que vous receviez peu de monde...
HORTENSE. — Il est vrai, monsieur, jusqu'à l'arrivée de mon mari, je ne puis recevoir beaucoup de société.
LA FINOTIÈRE *à part.* — Il paraîtrait, d'après cela, qu'elle n'est pas veuve. (*Haut.*) Monsieur votre époux est en voyage?...
HORTENSE. — Il est à Paris.
LA FINOTIÈRE. — Ah! fort bien... j'entends... il sollicite quelque emploi?
HORTENSE. — Non, monsieur.
LA FINOTIÈRE. — Il suit un procès?
HORTENSE. — Non, monsieur.
LA FINOTIÈRE. — Il s'occupe d'un remboursement?...
HORTENSE. — Non, monsieur.
LA FINOTIÈRE *à part.* — Elle me répond un peu laconiquement; mais c'est égal, je saurai tout.
HORTENSE *à part.* — Ce monsieur est passablement curieux.
LA FINOTIÈRE. — Moi, madame, tel que vous me voyez, je suis un simple campagnard retiré des affaires; je ne fais plus rien, absolument que m'occuper de... servir mes amis, quand l'occasion se présente. J'ai quinze mille livres de rente, une fille charmante, une bonne table, et je suis veuf... avec cela, vous sentez qu'on doit se trouver très-heureux.
HORTENSE. — Vous en ferai mon compliment.
LA FINOTIÈRE. — J'ai cependant beaucoup d'occupations... Oh! pas un moment à moi... Je sais dès le matin tout ce qui s'est passé dans la nuit, et le soir je pourrais vous dire tout ce qu'on a fait dans la journée chez mes voisins... Avec moi on peut se passer de journaux.
HORTENSE. — C'est infiniment agréable.
LA FINOTIÈRE. — Comme je vous l'ai dit, j'ai une fille charmante... c'est tout mon portrait... quand j'avais huit ans.
HORTENSE. — Est-ce que mademoiselle votre fille n'a que huit ans?
LA FINOTIÈRE. — Non! elle en a dix-neuf, je veux dire par là qu'elle est très-fraîche, très-rose... parce que moi, à huit ans, j'avais le teint d'une pomme d'api. Vous savez que beaucoup de partis se présentent pour elle... mais il y a entre autres un nommé Dermilly, un jeune homme de Paris, qui en est amoureux fou...
HORTENSE. — Dermilly... (*A part.*) Ah! voilà donc le secret de monsieur!
LA FINOTIÈRE. — Vous connaissez ce jeune homme... Je l'ai vu trer chez vous trois fois... quatre fois... ou trois, je ne suis pas sûr; enfin, c'est égal, vous le connaissez.
HORTENSE. — C'est l'ami intime de mon mari.
LA FINOTIÈRE. — Fort bien, je comprends... Il est aimable, il est un peu étourdi... mais cependant, si sa famille est honorable.
HORTENSE. — Elle est fort considérée... Je serais enchantée Dermilly obtînt votre aveu... Mais mademoiselle votre fille l'aime-t-elle?
LA FINOTIÈRE. — Elle ne m'en a rien dit; mais vous sentez bien que je ne suis pas un de ces pères auxquels il faut dire ces choses-là... Je devine tout. Allons, voilà qui est arrangé, je ferai son bon-

heur... Infiniment reconnaissant des renseignements que vous m'avez donnés... et charmé d'avoir fait votre connaissance... Je vais chez moi savoir s'il ne m'est pas arrivé quelques nouvelles; j'espère que nous reprendrons cet entretien... (*A part.*) Pleine d'esprit, cette femme-là... (*Haut.*) Votre serviteur... (*Il rentre.*)

SCÈNE IX.

HORTENSE, puis DERMILLY.

HORTENSE. — Ah! c'est de la fille de mon voisin que Dermilly est amoureux... Mais le voici, amusons-nous un peu. (*A Dermilly.*) Eh bien, monsieur?
DERMILLY. — Point de nouvelles de Franville.
HORTENSE. — Oh! c'est fort mal!... Ces maris sont d'une indifférence... Mais je m'en vengerai.
DERMILLY *à part*. — Diable! mais ce serait l'instant de lui offrir des consolations.
HORTENSE. — Vous ne prenez pas la défense de votre ami?... Votre nouvel amour vous occupe entièrement.
DERMILLY. — Mon amour... Et d'où jugez-vous...
HORTENSE. — Oh! je suis plus instruite que vous ne pensez!
DERMILLY. — Quoi! madame, vous sauriez...
HORTENSE. — Oui, monsieur... quoique vous ne m'ayez pas donné votre confiance, je connais celle que vous aimez.
DERMILLY. — Se pourrait-il!... (*A part.*) Allons, elle a deviné mes sentiments.
HORTENSE. — Mais pourquoi cet air chagrin?... Quoi! Dermilly, vous, si habitué à lire dans le cœur d'une femme, vous n'avez pas deviné votre bonheur?
DERMILLY. — Mon bonheur... comment, madame, je puis espérer...
HORTENSE. — Eh sans doute, monsieur!... En vérité, je vous croyais plus de pénétration.
DERMILLY. — Je n'en reviens pas... c'est elle qui m'encourage... Ma foi, l'ami le plus fidèle ne saurait tenir à cela.
HORTENSE. — Quittez cet air triste... ne vous affligez plus... Faut-il donc vous dire que l'on vous aime?
DERMILLY *tombant à ses genoux*. — Vous m'aimez... il se pourrait!... vous m'aimez!... Ah! madame, je jure de mon côté de vous adorer toujours.
HORTENSE. — Qui? moi!... mais vous êtes fou, monsieur... rappelez donc votre raison; ce n'est pas à moi que vous devez dire cela...
DERMILLY. — Pardonnez-moi, madame... oh! c'est bien à vous... à vous, qui partagez mon amour.
HORTENSE. — Moi!... Mais, monsieur, il n'est pas question de moi, c'est de la jeune voisine, de mademoiselle Estelle, que je vous parle depuis une heure!...
DERMILLY. — Se pourrait-il!... c'était d'Estelle?...
HORTENSE. — Sans doute, monsieur... et je ne m'attendais pas...
DERMILLY. — Eh bien! madame, une méprise vous a fait connaître mes sentiments, mais depuis longtemps ce secret était prêt à m'échapper.
HORTENSE. — Monsieur, si vous n'aviez pas renouvelé cet aveu, je l'aurais pris pour une plaisanterie; mais puisque vous persistez, je craindrais, en continuant à vous voir, qu'une autre méprise ne vous fît croire que je partage vos sentiments, et je m'abstiendrai de vous recevoir jusqu'à l'arrivée de mon mari.
DERMILLY. — Quoi, madame!..,
HORTENSE. — Adieu, monsieur; une autre fois, je tâcherai de mieux me faire comprendre. (*Elle rentre.*)

SCÈNE X.

DERMILLY, puis LABRIE.

DERMILLY. — Eh bien! me voilà bien avancé, moi!... et il faut que cette petite Estelle aille conter partout qu'elle m'adore!.... Après tout, maintenant, il n'y a pas d'autre parti à prendre que de l'épouser...
LABRIE *accourant*. — Ah! monsieur, je vous cherchais: grande nouvelle!...
DERMILLY. — Qu'est-ce donc?
LABRIE. — Votre ami, M. Franville... le mari de cette jolie dame...
DERMILLY. — Eh bien?
LABRIE. — Il vient d'arriver, il est ici.
DERMILLY. — Franville!... Oh! maudit contre-temps!... et au moment où je viens de...
LABRIE. — Il s'est rendu chez elle, m'a demandé la demeure de sa femme, je la lui ai indiquée, et il me suit... Je suis venu vous avertir, certain que l'arrivée de votre ami vous ferait grand plaisir.
DERMILLY. — Oh! oui... cela m'enchante, en effet... (*A part.*) Si sa femme allait lui dire... Faut que je serais désolé de me brouiller avec ce cher Franville, que j'aime beaucoup!...
LABRIE. — Le voici, monsieur.
DERMILLY. — Laissez-nous.... (*A part.*) Il faut absolument me tirer de là.

SCÈNE XI.

DERMILLY, FRANVILLE.

DERMILLY *courant à Franville*. — Eh! c'est bien lui... ce cher ami... (*Ils s'embrassent.*)
FRANVILLE. — Bonjour, mon cher Dermilly.
DERMILLY. — Ton arrivée me cause une joie... une surprise... Parbleu, je ne t'attendais pas maintenant.
FRANVILLE. — J'ai voulu te surprendre, ainsi que ma femme... Félicite-moi, mon ami, tout est arrangé, tout est fini... Mon oncle me pardonne, et veut que je lui présente ma chère Hortense... qu'il traitera comme sa fille.
DERMILLY. — Allons, mon ami, je te fais mon compliment.
FRANVILLE. — C'est que j'ai hâte de ma demeure ma femme... il me tarde de l'embrasser... de lui apprendre cette heureuse nouvelle... je cours la trouver...
DERMILLY *le retenant*. — Eh! un moment... donc, mon ami... Comment, à peine arrivé, tu me quittes déjà!...
FRANVILLE. — Nous aurons tout le temps de nous parler... Mais tu dois penser qu'après deux mois de séparation je suis bien aise de revoir ma femme.
DERMILLY *le retenant toujours*. — Sans doute... sans doute... mais c'est que... avant que tu lui parles... je veux t'apprendre quelque chose.
FRANVILLE. — M'apprendre quelque chose... avant que je la voie?...
DERMILLY. Oui, mon ami.
FRANVILLE. — Allons, parle, je t'écoute.
DERMILLY. — Oh! tu vas être enchanté, tu vas me faire mille remerciments.
FRANVILLE. — C'est possible; mais hâte-toi, je t'en prie.
DERMILLY. — Pendant que tu étais à Paris, je me suis dit: Ce pauvre Franville... il adore sa femme... car tu adores ta femme... Quel plaisir à, son arrivée, je pouvais lui assurer... lui prouver même qu'elle mérite tout son amour, qu'elle est digne même de tous les sacrifices qu'il lui a faits...
FRANVILLE. — Ah ça! si je ne vois pas encore ce que tu veux dire...
DERMILLY. — Attends donc!... écoute-moi bien. On aime à croire sa femme fidèle, c'est dans le fait naturel; il en est qui n'ont pas toujours résisté à la séduction... Eh bien! mon cher Franville, la tienne est d'une fidélité à toute épreuve!... c'est la vertu la plus pure!... et je t'en parle savamment... je l'ai éprouvée...
FRANVILLE. — Tu as éprouvé ma femme?...
DERMILLY. — Oui, mon ami, j'ai feint pour elle le plus vif attachement!... Aujourd'hui même je lui ai fait l'aveu de mon amour prétendu... Comme je m'y attendais, elle m'a repoussé, s'est fâchée, m'a même défendu de reparaître devant elle... Oh! c'était charmant!... j'étais enchanté!... Enfin, mon cher, mon épreuve a parfaitement réussi, et je n'ai plus qu'à t'assurer de ton bonheur... Eh bien!... tu n'es pas ravi, transporté... tu ne me remercies pas?...
FRANVILLE. — Si fait... si fait... Oh! je te remercie!... d'après tout ce que tu as fait pour moi... Cependant, je ne t'avais pas chargé d'éprouver ma femme...
DERMILLY. — Ah! c'est une surprise que je t'avais ménagée...
FRANVILLE *avec ironie*. — Je reconnais là ton amitié.
DERMILLY *à part*. — C'est singulier, il n'a pas l'air aussi content que je l'espérais.
FRANVILLE. — Mais, dis-moi donc, si ma femme... car il faut tout prévoir, si ma femme t'avait écouté...
DERMILLY. — Ah! si... elle m'avait écouté..?
FRANVILLE. — Oui, si ton amour ne l'avait pas offensée... qu'aurais-tu fait?
DERMILLY. — Ah! je conviens que cela eût été un peu embarrassant... alors, vois-tu... je ne t'aurais rien dit...
FRANVILLE. — Ah! tu ne...
DERMILLY. — Oh! je ne t'aurais rien dit... j'aurais gardé cela pour moi, parce que c'est toujours un très-mauvais service à rendre à un mari que de lui apprendre que sa femme... Oh!... je t'assure que tu n'en aurais rien su! Mais j'étais certain de la vertu de la tienne; elle t'adore, t'est fidèle, et c'est à moi que tu dois d'en avoir la certitude.
FRANVILLE. — Tu es un ami rare, en vérité. (*A part.*) Je saurai bientôt à quoi m'en tenir.
DERMILLY. — Achevons de lui ôter tout soupçon. (*Haut.*) Mais tu ne sais pas tout...
FRANVILLE. — Est-ce encore au sujet de ma femme?
DERMILLY. — Non... oh! ceci est très-sérieux. Je suis amoureux, mon ami, je suis fixé, et je vais me marier avec la fille de M. de la Finotière, gentilhomme fort riche, qui demeure ici; bientôt tu assisteras à mes noces... Oh! la jeune personne raffole de moi.
FRANVILLE. — Marie-toi, mon ami, tu feras fort bien... Mais je vais embrasser Hortense... Sans adieu... mon cher Dermilly. (*A part.*) Ah! tu éprouves ma femme, toi!... c'est très-bien, je tâcherai de te rendre service aussi! (*Il rentre.*)

SCÈNE XII.

DERMILLY, puis ESTELLE.

DERMILLY. — C'est singulier, on dirait que Franville se moque de moi... cependant il ne peut avoir aucun soupçon !... Maintenant, il faut en revenir à la petite Estelle...

ESTELLE *sortant de la maison.* — Henri ne revient pas !... serait-il fâché tout à fait ?...

DERMILLY *l'apercevant.* — Eh ! vous voilà !... charmante amie... Je suis enchanté de vous voir... j'ai mille choses à vous dire... d'abord, que je vous adore... que je ne respire que pour vous...

ESTELLE. — Quoi ! monsieur... vous ne plaisantez pas ?

DERMILLY *a part.* — La pauvre petite !... elle n'ose croire à son bonheur !... (*Haut.*) Je ne vous demande pas si vous répondez à mon amour... je connais vos sentiments pour moi... et votre voisine, à qui vous en avez fait confidence, m'a appris que j'étais le plus heureux des hommes.

ESTELLE. — Ma voisine vous a dit cela, monsieur ?...

DERMILLY. — Allons, plus de trouble, plus de mystère... vous m'aimez, je vous adore; vous êtes charmante, il y a similitude entre nous; votre père est le meilleur homme du monde, ce soir je lui demande sa fille, et demain je vous épouse, c'est une chose arrangée... Au revoir, mon aimable future... (*Il lui baise la main et sort vivement.*)

SCÈNE XIII.

ESTELLE seule.

Ah ! mon Dieu !... demain il m'épouse... mais je ne le veux pas ! moi... Est-ce qu'il croirait vraiment que je l'aime ?... Ah ! je vois bien, j'ai eu tort d'écouter les compliments d'un jeune homme de Paris. Et Henri !... me trouve trop coquette maintenant !... Mais qu'a-t-il voulu me dire avec sa voisine !...

(*Elle va s'asseoir sous le bosquet.*)

SCÈNE XIV.

ESTELLE, HENRI.

HENRI. — J'avais juré de ne plus approcher de cette maison... et je ne sais comment il se fait que m'en voilà tout près...

ESTELLE *sous le bosquet.* — Mais c'est ce qu'il disait cela avec une assurance !

HENRI *approchant du bosquet.* — Dieu ! elle est là !

ESTELLE. — Moi, j'aimerais ce Dermilly !... un fat ! un suffisant !... que j'écoutais pour m'en moquer !...

HENRI *à part.* — Que dit-elle ?...

ESTELLE. — Et Henri... le croit... lui que je n'ai jamais cessé d'aimer !...

HENRI *courant d'elle.* — Chère Estelle !... il se pourrait !...

ESTELLE. — Comment... comment, monsieur, vous m'écoutiez !... Ah ! c'est très-mal cela !....

HENRI *s'asseyant auprès d'elle.* — Ah ! je suis le plus heureux des hommes.

SCÈNE XV.

LES PRÉCÉDENTS, FRANVILLE, HORTENSE.

(*Ils sortent de chez eux, et ne voient pas les deux amants qui causent sous le bosquet.*)

HORTENSE. — Mon ami, tu m'as arraché un secret que je voulais te cacher; mais rappelle-toi à quelle condition !

FRANVILLE. — Sois tranquille... Oh ! je ne veux pas sa mort... mais j'avoue que je serais bien aise de me venger un peu... Et tu dis qu'il va se marier ?

HORTENSE. — Eh ! mais... sous ce berceau j'aperçois sa future...

FRANVILLE *bas.* — Elle est avec un jeune homme.

HORTENSE. — C'est Dermilly, sans doute...

FRANVILLE *riant.* — Non... non pas, vraiment... Oh ! voilà qui devient intéressant... Chut !... écoutons.

ESTELLE. — Oui, mon cher Henri, ce n'est que vous que j'aime, que j'aimerai toujours. Je crains que cet ennuyeux Dermilly ne paraisse... Revenez ce soir ici, nous irons tous deux trouver mon père, et nous lui ferons connaître nos sentiments.

FRANVILLE. — Un rendez-vous... Oh ! c'est délicieux !...

HENRI. — A ce soir donc, ma chère Estelle.

ESTELLE. — A ce soir.

FRANVILLE. — Très-bien, j'y serai aussi, moi...

(*Henri s'éloigne par le fond, Estelle rentre.*)

FRANVILLE *à Hortense.* — J'entends Dermilly... rentre vite et laisse-moi faire.

(*Hortense rentre.*)

SCÈNE XVI.

FRANVILLE, DERMILLY.

(*La nuit vient.*)

FRANVILLE *a part.* — J'aperçois mon sincère ami... Allons, à mon tour.

DERMILLY. — Eh ! te voilà, Franville ! Mon ami, je viens de terminer mes affaires, mon mariage est arrêté. La petite ne demande pas mieux, le père le désirait; ainsi tu vois que cela ira tout seul.

FRANVILLE. — Je sais tout cela... Oh ! je suis plus instruit que tu ne crois... et tu seras encore plus heureux que tu ne l'espérais.

DERMILLY. — Bah ! que veux-tu dire ?

FRANVILLE. — Ne sais-tu pas que tu possèdes un ami sincère qui s'intéresse à ton bonheur ?

DERMILLY. — Oh ! oui, mon ami... pour cela... je le sais.

FRANVILLE. — Crois-tu que j'aie oublié ce que tu as fait pour moi ?

DERMILLY. — Oh ! c'est une bagatelle... Tiens, ne parlons plus de ça !

FRANVILLE. — J'ai voulu te prouver ma reconnaissance... j'ai voulu enfin que tu fusses aussi heureux que moi.

DERMILLY. — Comment !... qu'est-ce que tu dis ?... je ne comprends pas...

FRANVILLE. — Ecoute donc; je me suis dit : On aime à croire que celle que l'on épouse n'a aucune autre inclination... mais enfin il est des femmes qui ne résistent pas toujours à la séduction.

DERMILLY. — Ah ! oui... oui... je me rappelle ! c'est justement ce que je te disais tantôt.

FRANVILLE. — Justement; enfin, mon ami, tu as éprouvé ma femme, et moi je vais éprouver ta future...

DERMILLY. — Ah ! tu vas... Parbleu, l'idée est singulière !

FRANVILLE. — La seule différence entre nous, c'est que toi, tu étais déjà sûr de ton fait; tandis que moi... Oh ! mais tu n'as rien à craindre ! Tu es adoré, n'est-ce pas ?...

DERMILLY. — Oh ! certainement... mais explique-moi donc...

FRANVILLE. — J'ai retrouvé dans cette ville un jeune homme que j'ai connu à Paris... il est ton rival, il adore la jeune Estelle, il m'a conté tous ses tourments !...

DERMILLY. — Ah ! c'est sans doute ce pauvre Henri...

FRANVILLE. — Précisément. (*À part.*) Je ne savais pas encore son nom.

DERMILLY. — Ah ! ce pauvre garçon !... Entre nous, c'est un niais auprès des femmes... il est d'une timidité... il ne réussira jamais !...

FRANVILLE. — Oui ?... n'est-ce pas... oh ! c'est ce que j'ai pensé aussi... et c'est pour cela que je l'ai engagé à écrire une lettre bien tendre à cette demoiselle... qu'il adore... en lui demandant un rendez-vous pour ce soir, ici... sous ce bosquet... Il a suivi mon conseil; mais le pauvre garçon attendra en vain sa belle, ou si elle vient ce sera pour lui ôter toute espérance... Tu auras deux plaisirs à la fois : voir congédier un rival et épouser une femme dont l'amour te sera prouvé... Hein ! qu'en dis-tu ?

DERMILLY. — Oui... en effet... ce sera très-drôle !... et ton idée est... (*A part.*) Je commence à ne pas être tranquille.

FRANVILLE. — Comment, tu n'es pas ravi... enchanté ?

DERMILLY. — Si fait, si fait !... mais il me semble que je ne t'avais pas chargé d'éprouver ma prétendue.

FRANVILLE. — C'est une surprise que je t'ai ménagée !... d'ailleurs, je ne voulais pas être en reste avec toi !

DERMILLY. Oh ! c'est trop aimable, en vérité !

FRANVILLE. — Voilà la nuit... notre amoureux ne va pas tarder à venir... comme nous allons rire à ses dépens !

DERMILLY. — Oui, oh ! nous allons bien rire ! (*A part.*) Certainement, je n'ai rien à craindre... mais les femmes sont si capricieuses... Je me serais bien passé de l'épreuve.

SCÈNE XVII.

LES PRÉCÉDENTS, ESTELLE, HENRI *arrivant chacun de leur côté.*

HENRI *à demi-voix.* — Estelle... êtes-vous là ?...

ESTELLE. — Oui, mon ami.

FRANVILLE. — Tiens ! je crois que je les entends... Il me semble qu'elle a dit : Mon ami.

DERMILLY. — Chut ! tais-toi donc !

HENRI. — Ah ! répétez-moi encore que vous n'aimez pas Dermilly... qu'il ne vous a jamais plu...

ESTELLE. — Lui, me plaire ! tout ce qui me fait des compliments sur ma manière de jouer au boston !... un fat qui n'est occupé que de sa coiffure... de savoir si la raie de ses cheveux est bien faite... s'ils frisent bien des deux côtés...

DERMILLY. — J'en ai assez entendu... je veux m'en aller...

FRANVILLE. — Attends donc... Ah ! mais c'est affreux, c'est indigne... on s'est joué de toi.

ESTELLE. — Ah ! mon Dieu ! nous ne sommes pas seuls !...

SCÈNE XVIII.

LA FINOTIÈRE, HORTENSE, DERMILLY, FRANVILLE, ESTELLE, HENAL

LA FINOTIÈRE *sortant de chez lui*. — Qu'est-ce qu'il y a donc?... que se passe-t-il par ici?... une émeute, un charivari?...
FRANVILLE. — Ce qu'il y a... c'est indigne... c'est affreux!... mon ami est trompé, trahi... celle dont il est adoré donne un rendez-vous à un autre.
LA FINOTIÈRE. — Ma fille!... qu'est-ce à dire?
ESTELLE. — Non, monsieur, détrompez-vous, je n'ai jamais aimé M. Dermilly. Henri est celui qui me plaît, que je veux épouser, et c'est pour obtenir l'aveu de mon père que je l'avais engagé à se rendre en ces lieux...
DERMILLY. — Tu avais bien besoin de crier comme cela, toi!
FRANVILLE. — Ma foi, mon ami, si j'avais su cela, je ne me serais pas donné tant de peine pour te rendre témoin du rendez-vous!
LA FINOTIÈRE. — C'est Henri qu'elle aime... eh bien! j'en étais sûr... je l'avais deviné... je l'aurais même parié!... Oh! c'est que j'ai un tact!... un coup d'œil!... Mariez-vous, mes enfants, vous serez heureux... c'est moi qui vous le dis, et je ne me trompe jamais.
HORTENSE *à Dermilly*. — Comment, monsieur Dermilly, votre épreuve n'a pas été heureuse!
DERMILLY. — Non, madame, pas autant que je l'espérais. (*A part.*) Allons, je suis complètement mystifié.
FRANVILLE. — Ah çà, mon ami, ce n'est que partie remise, et quand tu seras marié, si tu veux que j'éprouve ta femme...
DERMILLY. — Non, je te remercie, tu es trop obligeant.
FRANVILLE. — A bon chat, bon rat, mon ami.

UN BAL DE GRISETTES.

Mademoiselle Adolphine, jeune couturière en chambre, était une jolie brune, à l'air piquant, coquet, et même un peu coquin; sa taille était svelte, ses formes arrondies, sa jambe fine, son pied... son pied n'était pas mignon, mais il était bien fait, bien cambré, ce qui est préférable à un pied petit et plat; enfin mademoiselle Adolphine était fort gentille, et elle ne sortait guère sans faire quelque conquête; ce qui, du reste, ne prouverait encore rien, car les femmes laides en font quelquefois. Il y a dans Paris tant de gens qui ne savent que faire de leur temps et de leur personne, et qui, pour employer l'un et placer l'autre, croient devoir suivre et accoster toutes les femmes qu'ils rencontrent dans leur cavalier. Ils suivent l'une pour sa mise, l'autre pour sa taille; celle-ci pour sa jambe, celle-là pour son pied ; et comme il est rare qu'une femme soit absolument dépourvue de tout agrément, ces messieurs trouvent toujours quelque chose à suivre, et doivent être très-fatigués à la fin de leur journée.

Bref, mademoiselle Adolphine, avec ses vingt-deux ans, ses beaux yeux noirs, son nez retroussé et son air fripon, devait être fort suivie, car les hommes aiment beaucoup les airs fripons et les yeux agaçants; pourquoi?... Ma foi! demandez-leur; quant à moi, je m'en doute bien, mais je ne puis pas vous le dire dans une petite nouvelle... On a déjà tant crié après moi parce que j'ai intitulé un de mes romans *le Cocu*! Du reste, si c'était à refaire, je puis vous certifier que je le ferais de même, vu que j'ai pour habitude de m'inquiéter fort peu de ces criailleries et de ces critiques, qui ne viennent pas du véritable public.

Mais tout ceci m'éloigne de ma gentille couturière; j'y reviens : Adolphine avait la réputation d'être coquette; quelques mauvaises langues allaient plus loin, et prétendaient qu'elle avait des amants, parce qu'avec des yeux séducteurs, un nez retroussé et une démarche leste, il est impossible qu'une jeune fille soit sage.

Voilà une conséquence qui serait fort désagréable pour les demoiselles qui ressemblaient au portrait que je viens de faire d'Adolphine; mais qu'elles se rassurent : tout le monde sait que les apparences sont trompeuses; une jeune personne peut être fort sage, quoique agaçante et riant toujours; tandis qu'avec un air modeste, timide, et les yeux baissés, on peut souvent faire des sottises. Il me semble même avoir cherché à prouver cela dans un de mes ouvrages qui a encore un titre horrible : *la Pucelle de Belleville*. Il est vrai qu'ainsi que celui dont je vous parlais tout à l'heure, il a un but très-moral, tandis que maints romans, à titre irréprochable, sont parfois très-immoraux. Mais me voilà encore m'éloignant de ma grisette, j'y reviens, et cette fois je vous promets de ne plus m'en écarter.

Depuis quelque temps, un jeune et joli garçon, nommé Édouard, était très-assidu près de mademoiselle Adolphine. Comme Adolphine aimait à rire et à causer, il n'était pas difficile de faire sa connaissance. Comme M. Édouard était bien, que sa tournure et sa mise

---

étaient distinguées, on avait été flatté de faire sa conquête; enfin, depuis quelque temps, le jeune homme était reçu chez Adolphine.

Quand on obtient d'une grisette la permission d'aller la voir, il est assez naturel de penser que bientôt on obtiendra davantage, et que l'on triomphera entièrement de sa conquête. C'est ce que M. Édouard avait pensé, et, dans cette idée, il avait voulu mener grand train ses amours. Mais, à sa grande surprise, il avait échoué dans ses tentatives; d'abord on avait ri de ses soupirs, on s'était fâché lorsqu'il avait voulu être entreprenant, puis on lui avait dit très-positivement :

— Si vous voulez que je continue de vous recevoir, il faut vous conduire honnêtement.

A cela Édouard avait répondu :

— Est-ce que cela est malhonnête d'être amoureux? Pourquoi êtes-vous si jolie?... Pourquoi me tournez-vous la tête?... Je mourrai si vous n'êtes pas à moi!...

Et mille autres phrases semblables, qui font ordinairement beaucoup d'effet sur les femmes qui ne demandent pas mieux que de céder; mais Adolphine se contenta de rire encore, en disant :

— Je ne suis pas persuadée que vous soyez amoureux de moi; si vous m'aimez, ce n'est pas en vous conduisant ainsi que vous me le prouverez. Je ne veux être qu'à mon mari..., oui, monsieur, qu'à mon mari. Cela vous surprend!... parce que j'aime à rire, que je suis un peu coquette, et que je ne baisse pas les yeux dès qu'on me regarde. C'est pourtant comme cela. Quant à mourir si je ne suis pas à vous!... tenez, monsieur Édouard, je n'aime pas plus ces phrases-là que ces romans dans lesquels on ne parle que meurtre, cadavre et suicides : cela me dégoûte, et voilà tout ; j'appelle cela de la littérature de cour d'assises, et quoique je ne sois qu'une simple grisette, je crois faire preuve de goût en préférant des tableaux gais, naturels, touchants, sans êtres horribles, à des peintures qui me font frissonner le jour et me donnent le cauchemar toute la nuit. Édouard était demeuré muet; cependant, pour continuer d'être reçu chez Adolphine, il avait bien fallu qu'il promît d'être sage; d'ailleurs les hommes promettent toujours : ils trouvent que cela ne les engage à rien.

Édouard continuait donc d'aller chez Adolphine : quand on lui refusait un baiser, il boudait; quand il avait bien boudé, Adolphine riait. Quelquefois plusieurs jours s'écoulaient pendant lesquels Édouard cessait d'aller voir la jolie couturière, espérant parvenir à l'oublier; mais bientôt l'amour le ramenait aux côtés de la grisette, qui souriait en l'apercevant, lui tendait la main en signe d'amitié, et lui donnait une petite tape lorsqu'il essayait de l'embrasser.

Cependant on était arrivé à l'époque du carnaval; alors le plaisir, la danse et les beignets étaient à l'ordre du jour. Dans toutes les classes de la société on voulait s'amuser : le plus petit commis donnait des soirées, le riche négociant rivalisait de luxe avec la noblesse, les sociétés bourgeoises avaient des *tombola*, les portiers faisaient des crêpes dans leur loge, et la plupart des grisettes allaient au bal masqué.

Plusieurs fois Édouard avait proposé à Adolphine de la conduire au bal; mais Adolphine refusait : elle ne voulait point passer la nuit dans un bal avec Édouard ; elle craignait tout ce qui pouvait arriver en revenant seule la nuit avec un homme qu'elle avait eu de peine à maintenir sage pendant le jour.

Édouard, piqué des refus d'Adolphine, allait au bal sans elle, et venait moins souvent la voir.

Adolphine souffrait au fond du cœur, et craignait de perdre l'amour d'Édouard : car un nez retroussé n'empêche pas d'être sensible, et un air éveillé cache parfois une âme très-aimante.

Un beau soir, Adolphine avait chez elle plusieurs de ses amies : ces demoiselles travaillaient un peu et parlaient beaucoup.

— Tout le monde donne des bals! dit la grande Sophie, c'est une fureur... Il y a dans ma maison un frotteur qui a donné un bal costumé; on dit que c'était fort joli!... Il y avait des Espagnols, des Turcs!... des bergères et des Robert-Macaire!... Il paraît que c'était très-bon genre. — Moi, dit une toute petite fleuriste, j'ai été invitée à aller à un *raout* chez un tourneur de chaises, il y avait un souper... masqué ou non masqué, du punch, des glaces, des tables de jeux innocents et autres; on a dansé des galops et mangé des brioches toutes chaudes. — Dans toutes les maisons où je porte de l'ouvrage, je vois des apprêts de bal, de festin! — Jusqu'à ma voisine, qui est ouvreuse de loges, et qui a donné une soirée de nuit, où l'on buvait de la bière à discrétion, et que l'on a même mangé des saucisses à trois heures du matin!... Tout le produit des petits bancs qui a passé en saucisses!... Et ma portière, qui se permet de faire des pets-de-nonne, dans sa loge, avec, pour ingrédients, de la farine et du saindoux, qui tient la queue, que c'est d'un bouffant superbe!...

— Enfin, tout le monde dans Paris donne des soirées de bal !

— Eh bien! mesdemoiselles, dit Adolphine, pourquoi ne ferions-nous pas comme tout le monde?...

— Nous?... nous, donner un bal? disent les grisettes.

— Certainement, si vous le voulez...

— Oh! nous le voulons bien; mais comment?

— Écoutez-moi. Pour le local, j'offre d'abord le mien; j'ai une fort belle chambre, et quand nous aurons ôté les meubles, elle sera encore plus grande; de plus, j'ai deux cabinets qui serviront de ves-

tiaire et de salle à manger. — Très-bien; après? — Après... Ah! par exemple, il y aura quelques frais pour l'éclairage, les rafraîchissements et le souper,.. car il faut un souper, n'est-ce pas?
— Oh! oui!...
— Moi, dit la grande Sophie, je ne danse que pour manger.
— Eh bien! alors, mesdemoiselles, cotisons-nous, faisons une masse, et si, comme je l'espère, vous avez confiance en moi, je me chargerai de tous les détails.
— Approuvé!... Cotisons-nous.

Toutes les jeunes filles fouillent à leur poche. Le résultat est une somme de vingt-trois francs; mais, avec les jeunes amies que l'on connaît, on est certain d'en avoir autant; c'est donc une cinquantaine de francs que l'on réunira; car les grisettes ne veulent pas que leurs amoureux payent : c'est une galanterie, un bal qu'elles veulent leur donner.

Avec cinquante francs, Adolphine prévient qu'elle ne pourra pas donner de glaces; mais elle promet un violon, un petit flageolet, du cidre et des marrons dans la soirée, et un souper très-satisfaisant au milieu de la nuit. Tout étant décidé, on convient du jour, et l'on pense à faire des lettres d'invitation. Une jeune frangère, qui manie fort bien la plume, se place à une table, et écrit ce qu'Adolphine lui dicte :

« Vous êtes invité à venir danser et passer la soirée toute la nuit chez mademoiselle Adolphine, samedi prochain; il y aura un souper avec un violon.

» J'ai l'honneur de vous saluer. »

— Est-ce bien, mesdemoiselles? — Très-bien.
— Ah!... attendez! Fœdora, écris... par post-scriptum... Par poste?,.., qu'est-ce que c'est que ça?.... Ecris toujours; ça se met en bas.... sous la signature : « Ceux qui ne seront pas arrivés à neuf heures ne danseront pas le galop. »
— Ah! très-bien,.., c'est le seul moyen de forcer ces messieurs à venir de bonne heure. — Maintenant, Fœdora, fais autant de lettres que nous voulons envoyer d'invitations; je n'aurai plus qu'à signer. Voyons, mesdemoiselles, nommez les personnes que vous voulez inviter.

Chacune de ces demoiselles nomme son amoureux. Bref, la liste des invitations est faite; les jeunes filles ne pensent plus qu'au costume qu'elles se feront pour le bal, c'est le sujet de la conversation pendant tout le reste de la soirée; enfin les grisettes se quittent en se promettant beaucoup de plaisir pour le samedi suivant.

Adolphine n'a pas manqué d'envoyer une lettre d'invitation à M. Edouard, puis elle ne songe plus qu'à rendre sa soirée bien brillante. Ses amies lui ont encore remis une somme de trente francs : avec les vingt-trois francs qu'elle a déjà reçus, c'est donc cinquante-trois francs dont elle peut disposer; et, pour sa part, elle veut encore y ajouter une quinzaine de francs, s'il le faut, afin que rien ne manque à son bal. La jeune fille fait ses calculs : elle veut avoir deux lampions dans l'escalier; puis, pour sa chambre, il est nécessaire qu'elle loue au moins quatre quinquets; car, pour qu'un bal soit gai, il faut d'abord qu'il soit bien éclairé. Ensuite Adolphine fait le menu de son souper : il faut quelques pièces de résistance, une volaille et un pâté pour les hommes; il faut des friandises pour les femmes, car Adolphine veut contenter tous les goûts.

Après avoir longtemps réfléchi, voici comment la jeune couturière fait le budget de son bal !

Deux lampions. . . . . » fr. 10 sous.
Location de quatre quinquets et huile à brûler. 7   10
Chandelles dans les cabinets.   10
Sucre, cidre, marrons, échaudés. 8   »
Pâté, volaille, saucisson. 16   »
Violon. 6   »
Pâtisserie sucrée. 9   »
Vin et café. 15   »

Total. . . . . . . 62 fr. 10 sous.

Ainsi, moyennant une somme de soixante-deux francs dix sous (les grisettes ne veulent jamais compter par centimes), Adolphine espère donner un bal charmant. Jusqu'au samedi la jeune fille s'occupe de sa toilette : elle aura un petit costume de paysanne de la Suisse; elle le fait elle-même, elle l'essaye, et se dit tout bas : — Nous verrons ce que fera M. Edouard quand il m'aura vue comme cela.

Enfin le grand jour est arrivé. Il s'agit de faire les emplettes, d'aller louer les quinquets; mais auparavant il faut s'assurer d'un joueur de violon. Adolphine se rend à la demeure qu'on lui a indiquée : c'est une assez vilaine maison de la rue des Gravilliers. Adolphine entre dans une allée; elle cherche un portier, il n'y en a point; elle monte un étage, puis un second, en se disant : — Un violon de bal, ça ne doit pas être au premier; surtout un pauvre violon qui ne prend que six francs par nuit, et qui fournit un flageolet.

Adolphine se décide à frapper au troisième, parce qu'elle a entendu de la musique à travers la porte. Un jeune homme, tenant un violon à la main, vient lui ouvrir; mais c'est un petit-maître, et dans le fond de l'appartement Adolphine aperçoit plusieurs jeunes gens, tous assez élégants, et qui tiennent chacun un instrument.

La grisette craint de s'être trompée, elle balbutie; — Je voudrais parler à M. Dupont. — Qu'est-ce que c'est que M. Dupont?,... Je ne connais pas cela, mademoiselle... — Monsieur... c'est cependant un musicien,.. un homme qui joue du violon pour faire danser dans les bals. — Ah! attendez donc, mademoiselle, je crois en effet que nous avons ici Orphée, un pauvre musicien dans la maison... Je ne connais pas encore beaucoup mes voisins...., mais, si vous voulez voir... ce doit être tout en haut.

Adolphine fait une gracieuse révérence, et se hâte de monter l'escalier : elle arrive au sixième étage, elle écoute toujours si elle n'entendra jouer du violon; mais elle a beau prêter l'oreille, elle n'entend pas de musique; au contraire, il lui semble distinguer comme des soupirs, des sanglots. Elle se décide pourtant à frapper à la porte qui est devant elle.

On lui ouvre; mais quel triste tableau s'offre à sa vue! Dans une chambre à peine meublée, un homme malade est étendu sur une mauvaise couchette; à ses côtés une jeune femme tout en pleurs, puis deux enfants, un petit garçon de huit ans et une petite fille qui en compte à peine cinq; et tous deux, pâles et l'air chagrin, semblent déjà partager les peines de leurs parents.

— Mon Dieu! dit Adolphine, je me trompe sans doute encore... Je demandais M. Dupont, joueur de violon dans les bals,... — C'est ici, mademoiselle, murmure d'une voix faible la personne couchée dans le lit. C'est moi qui suis Dupont,.. Auriez-vous besoin de mes services?
— Oui, monsieur, c'était pour un petit bal,.. ce soir, chez moi, Adolphine, couturière, rue des Ours... Mais si vous êtes malade...
— Oh! oui, mademoiselle, répond la jeune femme, mon mari est bien malade, et c'est à force de s'être fatigué, d'avoir voulu travailler pour gagner de l'argent... Hélas! nous avons eu notre pauvre père longtemps alité...., puis ma petite fille,... Enfin nous avons été bien malheureux depuis quelque temps,.... et maintenant voilà mon mari,... C'est le chagrin qui rend mon père malade, dit le petit garçon; c'est parce qu'on doit demain vendre nos meubles si nous ne payons pas le propriétaire,... — Taisez-vous, Jules! dit la jeune femme; est-ce qu'il faut dire ces choses-là?,..
— Pauvres gens! dit Adolphine émue du tableau qui est sous ses yeux. Quoi! on aurait la barbarie de vendre vos effets!... Ah! il y a des propriétaires bien cruels, bien égoïstes!... Vous devez donc beaucoup?,... — Quatre-vingts francs, murmure la jeune femme, et mon pauvre mari se désole de n'avoir pas la force de travailler pour amasser cette somme! — Et moi, dit le petit garçon, je ne suis pas assez fort sur le flageolet pour en jouer sans être accompagné par mon papa.

Adolphine réfléchissait et ne disait rien. Tout à coup elle sort de la chambre en s'écriant seulement : Je vais revenir. Elle court chez elle, prend les soixante-deux francs cinquante centimes destinés au bal, et avec ce qu'elle possède encore, parvient à compléter quatre-vingts francs; puis elle vole rue des Gravilliers, monte les six étages sans reprendre haleine, arrive chez la famille du pauvre joueur de violon, et dépose son argent sur une table près du lit en disant :

— Tenez, payez votre propriétaire; n'ayez plus de chagrin et guérissez-vous. Nous autres, nous pouvons bien danser sans musique et nous amuser sans souper.

La pauvre famille ne sait comment exprimer sa reconnaissance. Adolphine embrasse les deux enfants, et se sauve en disant : Adieu! je reviendrai vous voir.

La grisette est rentrée chez elle, le cœur satisfait et légère comme un oiseau. Dans les premiers moments, elle ne songe qu'aux pauvres gens qu'elle vient de secourir. Mais enfin elle se rappelle le bal qu'elle doit donner le soir; alors elle se met à rire en se disant : Ceux qui n'auront pas dîné pour mieux souper courent grand risque d'avoir mal à l'estomac... C'est égal, habillons-nous toujours en Suissesse : il ne m'en coûtera pas plus.

Adolphine s'habille, dispose sa chambre, et attend son monde avec une seule chandelle allumée qu'elle place sur la cheminée; ce qui ne donnait pas à la salle de bal beaucoup de clarté; mais Adolphine ne possédait plus un sou chez elle : cette chandelle était la dernière, et elle avait pour habitude de ne rien acheter à crédit.

Sept heures et demie sonnent. Les amies d'Adolphine arrivent; et on les entend crier dans l'escalier : Adolphine, éclaire-nous donc!... C'est nous... Pourquoi donc tes lampions ne sont-ils pas encore allumés?... C'est fort désagréable, quand on est en costume de bal, de monter quatre étages à tâtons.

Adolphine vient avec sa chandelle. Les jeunes filles, en entrant chez elle, s'écrient encore : Mon Dieu! comme c'est noir ici!.... Pourquoi donc tes quinquets ne sont-ils pas placés, allumés?... A quoi penses-tu de nous laisser dans cette obscurité?

A tout cela Adolphine souciait en répondant : Un peu de patience, on va apporter les quinquets et les lampions.

Les jeunes gens invités ou ces demoiselles ne tardent pas à arriver aussi; ils semblent un peu surpris de ne voir le bal éclairé que par une chandelle; toutes les grisettes se dépitent, s'impatientent et s'écrient à chaque instant : Mais, Adolphine, quand donc apporte-t-on les quinquets? — Et la musique, où donc est-elle?... — Oh! elle va venir!... répond Adolphine. En attendant, mesdemoiselles, nous pouvons bien danser des rondes... — Nous ne donnons pas un bal pour danser des rondes, disent les grisettes... Qu'est-ce que ces messieurs penseront de nous?

Les jeunes gens ne disaient rien, mais ils souriaient d'un air moqueur. Édouard observait Adolphine et gardait le silence; la gentille couturière commençait à être fort embarrassée; plusieurs de ces demoiselles avaient déjà demandé à se rafraîchir, et il avait encore fallu leur répondre : Les rafraîchissements ne sont pas arrivés.

UN BAL DE GRISETTES.
Adolphine avait la réputation d'être coquette, quelques mauvaises langues allaient plus loin.

Enfin, ne voyant arriver ni lumière, ni musique, ni comestibles, les grisettes perdent patience, et la grande Sophie dit à Adolphine : Ma chère amie, c'est toi qui as voulu te charger du bal... et tu n'as rien fait du tout : Qu'est-ce que cela signifie?... A quoi donc as-tu employé notre masse?

Adolphine rougit, hésite, et répond enfin : Mesdemoiselles, je n'osais pas vous le dire... Eh bien!... j'ai perdu mon sac, dans lequel était tout mon argent; voilà pourquoi je n'ai rien pu avoir pour notre bal.

Les jeunes filles semblent consternées, les jeunes gens rient; Édouard console Adolphine, et lui reproche de ne point avoir réclamé ses services. Cependant les chuchotements, le dépit ont remplacé la gaieté; quelques-unes de ces demoiselles ont même l'air de mettre en doute la perte du sac, et Adolphine va se fâcher, lorsqu'on frappe à la porte.

Ce sont cinq jeunes gens de fort bonne tournure, qui tiennent chacun un instrument : violons, basse, flageolet; de quoi faire un orchestre délicieux.

— Ah! Adolphine s'était moquée de nous! s'écrient les jeunes filles; voilà notre musique, et j'espère qu'elle sera brillante.

— Mais non, j'ai dit la vérité, dit Adolphine. Messieurs, vous vous trompez sans doute...

— Non, mademoiselle, répond un jeune homme qu'Adolphine reconnaît pour celui qui demeure dans la maison des pauvres gens qu'elle a secourus. Nous venons, moi et mes amis, pour avoir le plaisir de vous faire danser, à la place de mon voisin, ce pauvre Dupont, qui est dans son lit, et auquel vous avez généreusement donné tout l'argent que vous destiniez aux frais de votre bal... C'est par son fils que nous avons su votre belle action, et nous espérons que vous voudrez bien nous permettre d'être votre orchestre pendant toute la nuit.

— Tenez, dit Adolphine, payez votre propriétaire, n'ayez plus de chagrin, et guérissez-vous.

Ces mots viennent de faire connaître la vérité; on entoure Adolphine, on la presse, on l'embrasse; celles qui la grondaient lui demandent pardon les larmes aux yeux; enfin c'est une ivresse, une joie générale. En une minute, les jeunes gens ont couru chercher des bougies, des quinquets; la salle de bal devient brillante; puis des garçons pâtissiers, limonadiers, arrivent avec des provisions. Enfin, Édouard se charge du souper, et lorsque Adolphine veut s'y opposer, il lui répond tendrement: Ce sera le banquet de nos fiançailles.

Paris. Typ. A. PARENT, rue Monsieur-le-Prince, 31.

COLLECTION G. BARBA

Format in-18 jésus vélin glacé, à 3 francs le volume

EN VENTE

PAUL DE KOCK

*La Laitière de Montfermeil.	1 vol.
André le Savoyard.	1 vol.
*Zizine.	1 vol.
*Moustache.	1 vol.
Un Jeune Homme charmant.	1 vol.
*Madeleine.	1 vol.
*Le bon Enfant.	1 vol.
La Maison Blanche.	1 vol.
Le Barbier de Paris.	1 vol.
Un Tourlourou.	1 vol.
L'Homme de la nature.	1 vol.
Un mari perdu.	1 vol.

TOUCHARD-LAFOSSE

Les Chroniques de l'Œuil-de-Bœuf 1re, 2e, 3e, 4e, 5e, 6e, 7e, 8e série.	8 vol.

KAUFFMANN

Les Chroniques de Rome.	1 vol.

DESBAROLLES

*Deux artistes en Espagne.	1 vol.

COOPER

*Œil de Faucon. Bas de Cuir. 1re série.	1 vol.

MAYNE-REID

Le Gantelet blanc.	2 vol.
*Les Chasseurs de chevelures.	1 vol.
*Les Tirailleurs au Mexique.	1 vol.
*La Baie d'Hudson.	1 vol.
*Les Chasseurs de bisons.	1 vol.

É. DE LABÉDOLLIÈRE

Le Domaine de Saint-Pierre.	1 vol.
*Histoire de Paris, suivie de Paris agrandi.	1 vol.

L. CHODZKO

*Histoire populaire de la Pologne.	1 vol.

LÉON PLÉE

*Abd-el-Kader.	1 vol.

GARNERAY

*Aventures et Combats.	1 vol.
*Captivité sur les Pontons.	1 vol.

SOUS PRESSE

PAUL DE KOCK

Sœur Anne.	1 vol.
Jean.	1 vol.
Mon voisin Raymond.	1 vol.
Georgette.	1 vol.
M. Dupont.	1 vol.
Frère Jacques.	1 vol.

COOPER

Le Dern. des Mohicans. Bas-de-Cuir. 2e série.	1 vol.
L'Ontario. — 3e série.	1 vol.
Les Pionniers. — 4e série.	1 vol.
La Prairie. — 5e série.	1 vol.

PIGAULT-LEBRUN

M. Botte.	1 vol.
Angélique et Jeanneton.	1 vol.
Fanchette et Honorine.	1 vol.

GEORGETTE DUCREST

Mémoires de l'Impératrice Joséphine.	1 vol.

MAYNE-REID

Le Désert.	1 vol.
Les Forêts vierges.	1 vol.
Le Chef blanc.	1 vol.

WALTER SCOTT

Rob-Roy.	1 vol.
Quentin Durward.	1 vol.
Ivanhoe.	1 vol.
Le Puritain d'Écosse.	1 vol.
La Prisonnière d'Édimbourg.	1 vol.

HOFFMANN

Contes fantastiques.	1 vol.
Contes nocturnes.	1 vol.
Contes mystérieux.	1 vol.

RICCIARDI

Histoire d'Italie.	6 vol.

LABÉDOLLIÈRE

Histoire de la guerre du Mexique.	1 vol.

FRANCE ILLUSTRÉE

GÉOGRAPHIE, HISTOIRE, ADMINISTRATION ET STATISTIQUE

PAR

V.-A. MALTE-BRUN

ACCOMPAGNÉE D'UN

NOUVEL ATLAS COLORIÉ

DRESSÉ PAR DÉPARTEMENTS

PAR A.-H. DUFOUR

108
CARTES GÉOGRAPHIQUES
COLORIÉES
dressées
Par A.-H. DUFOUR.

117
LIVRAISONS DE TEXTE
319
VIGNETTES
Gravées par J. BEST.

On vend séparément, au choix des acquéreurs :

1° LA FRANCE, par ordre de souscriptions, 5 beaux volumes brochés, avec cartes		45 »
2° — par ordre alphabétique, d° d°		45 »
3° — d° 2 volumes brochés, sans cartes		23 »
4° L'ATLAS cartonné, contenant 105 cartes coloriées		22 »
5° L'OUVRAGE COMPLET, relié en 2 beaux volumes, et un Atlas		55 »

DÉPARTEMENTS

1re Série
1 CHER............................ » 40
2 NORD............................ » 40
3 SEINE-ET-MARNE................. » 40
4 LOIRET.......................... » 40
5 PAS-DE-CALAIS................... » 40

2e Série
6, 7 RHONE, plan de Lyon......... » 80
8 DOUBS........................... » 40
9 BAS-RHIN........................ » 40
10 OISE........................... » 40

3e Série
11 HAUT-RHIN...................... » 40
12 INDRE-ET-LOIRE................. » 40
13, 14 SEINE INFÉRIEURE, pl. du Havre. » 80
15 CHARENTE-INFÉRIEURE............ » 40

4e Série
16, 17, 18 SEINE-ET-OISE, plans de Versailles, Saint-Germain... » 20
19 LOIRE-INFÉRIEURE............... » 40
20 INDRE.......................... » 40

5e Série
21, 22 EURE, plan de Louviers...... » 80
23 AISNE.......................... » 40
24 NIÈVRE......................... » 40
25 AIN............................ » 40

6e Série
26, 27 BOUCHES-DU-RHONE, plan de Marseille...... » 80
28 CALVADOS....................... » 40
29 YONNE.......................... » 40
30 CORSE.......................... » 40

7e Série
31, 32 GIRONDE, plan de Bordeaux... » 80
33 EURE-ET-LOIRE.................. » 40
34 ORNE........................... » 40
35 ILLE-ET-VILAINE................ » 40

8e Série
36 SAONE-ET-LOIRE................. » 40
37 LOT............................ » 40
38 SOMME.......................... » 40
39 MANCHE......................... » 40
40 DROME.......................... » 40

9e Série
41 ISÈRE.......................... » 40
42 CHARENTE....................... » 40
43 MORBIHAN....................... » 40
44 LOIR-ET-CHER................... » 40
45 ALLIER......................... » 40

10e Série
46 COTES-DU-NORD.................. » 40
47 ARIÈGE......................... » 40
48 FINISTÈRE...................... » 40
49 HAUTES-ALPES................... » 40
50 BASSES-PYRÉNÉES................ » 40

11e Série
51 MARNE.......................... » 40
52 HAUTE-VIENNE................... » 40
53 TARN........................... » 40
54 AUBE........................... » 40
55 MAINE-ET-LOIRE................. » 40

12e Série
56 PYRÉNÉES-ORIENTALES............ » 40
57 BASSES-ALPES................... » 40
58 AUDE........................... » 40
59 HAUTE-MARNE.................... » 40
60 DORDOGNE....................... » 40

13e Série
61, 62 COTE-D'OR, plan de Dijon... » 80
63 VAUCLUSE....................... » 40
64 ARDENNES....................... » 40
65 MAYENNE........................ » 40

14e Série
66 SARTHE......................... » 40
67 VIENNE......................... » 40
68 HÉRAULT........................ » 40
69 LOT-ET-GARONNE................. » 40
70 CREUSE......................... » 40

15e Série
71 HAUTE-LOIRE.................... » 40
72 GERS........................... » 40
73 VENDÉE......................... » 40
74 LANDES......................... » 40
75 DEUX-SÈVRES.................... » 40

16e Série
76 CORRÈZE........................ » 40
77, 78 HAUTE-GARONNE, pl. Toulouse. » 80
79 VAR............................ » 40
80 JURA........................... » 40

17e Série
81 LOIRE.......................... » 40
82 GARD........................... » 40
83 VOSGES......................... » 40
84 HAUTE-SAONE.................... » 40
85 ARDÈCHE........................ » 40

18e Série
86 TARN-ET-GARONNE................ » 40
87 MEURTHE........................ » 40
88 LOZÈRE......................... » 40
89 HAUTES-PYRÉNÉES................ » 40
90 CANTAL......................... » 40

19e Série
91 MOSELLE........................ » 40
92 PUY-DE-DOME.................... » 40
93 MEUSE.......................... » 40
94 AVEYRON........................ » 40
95 COLONIES D'AMÉRIQUE............ » 40

20e Série
96 COLONIES D'ASIE, D'AFRIQUE..... » 40
97 ALGÉRIE........................ » 40
98, 99, 100 SEINE, pl. Paris, Environs.

21e Série
101 LA FRANCE, Géographie, Carte physique........ » 40
102 LA FRANCE, Histoire, Carte par Provinces et départements... » 40
103 LA FRANCE, Littérature, Cartes des communications........ » 40
104, 105 LA FRANCE, Industrie, Carte générale (double)........ » 80

PROVINCES

ALGÉRIE (Algérie)...................
ALSACE, Bas-Rhin, Haut-Rhin........
ANGOUMOIS, Charente................
ANJOU, Maine-et-Loire..............
ARTOIS, Pas-de-Calais..............
AUNIS, SAINTONGE, Charente-Inférieure.
AUVERGNE, Puy-de-Dôme, Cantal.....
BÉARN, Basses-Pyrénées.............
BERRY, Cher, Indre.................
BOURBONNAIS, Allier................
BOURGOGNE, Côte-d'Or, Yonne, Saône-et-Loire, Ain.
BRETAGNE, Ille-et-Vilaine, Côtes-du-Nord, Finistère, Morbihan, Loire-Inférieure.
CHAMPAGNE, Aube, Haute-Marne, Marne, Ardennes.
COLONIES FRANÇAISES, colonies d'Amérique, colonies d'Asie et d'Afrique.
COMTAT VENAISSIN, Vaucluse.........
COMTÉ DE FOIX, Ariège..............
CORSE, Corse.......................
DAUPHINÉ, Isère, Drôme, Hautes-Alpes.
FLANDRE, Nord......................
FRANCHE-COMTÉ, Doubs, Jura, Hte-Saône
GASCOGNE, Landes, Gers, Hautes-Pyrénées
GUYENNE, Gironde, Lot, Dordogne, Aveyron, Tarn-et-Garonne, Lot-et-Garonne.
ILE-DE-FRANCE, Seine, Seine-et-Oise, Seine-et-Marne, Oise, Aisne.
LANGUEDOC, Haute-Garonne, Tarn, Aude, Hérault, Gard, Lozère, Haute-Loire, Ardèche.
LIMOUSIN, Haute-Vienne, Corrèze....
LORRAINE, Meurthe, Moselle, Meuse, Vosges
LYONNAIS, Rhône, Loire.............
MAINE ET PERCHE, Sarthe, Mayenne...
MARCHE, Creuse.....................
NIVERNAIS, Nièvre..................
NORMANDIE, Seine-Inférieure, Eure, Calvados, Orne, Manche.
ORLÉANAIS, Loiret, Eure-et-Loire, Loir-et-Cher.
PICARDIE, Somme....................
POITOU, Vienne, Vendée, Deux-Sèvres.
PROVENCE, Bouches-du-Rhône, Var, Basses-Alpes.
ROUSSILLON, Pyrénées-Orientales....
TOURAINE, Indre-et-Loire...........

NOUVEAUX DÉPARTEMENTS ANNEXÉS
SAVOIE, HAUTE-SAVOIE, ALPES-MARITIMES

TABLE DE LA FRANCE ILLUSTRÉE
NOUVEAU DICTIONNAIRE DES COMMUNES DE L'EMPIRE FRANÇAIS
Contenant les nouveaux départements et les colonies — Prix : 2 fr.

www.ingramcontent.com/pod-product-compliance
Lightning Source LLC
Chambersburg PA
CBHW071438060426
42450CB00009BA/2233